Annie Besant

Réincarnation

Copyright © 2022 by Culturea
Édition : Culturea 34980 (Hérault)
Impression : BOD - In de Tarpen 42, Norderstedt (Allemagne)
ISBN : 9782385083717
Dépôt légal : août 2022
Tous droits réservés pour tous pays

1. INTRODUCTION

Il est déjà fort difficile de faire admettre une vérité nouvelle au milieu des polémiques qui caractérisent notre civilisation moderne, mais il est encore plus difficile d'en faire entendre une qui n'est devenue nouvelle qu'à force d'ancienneté.

Si nous pouvions d'un coup d'œil embrasser l'histoire intellectuelle d'une race, —l'histoire se déroulant devant nous pendant des centaines de milliers d'années— nous ne serions que légèrement impressionnés par une brèche dans le règne d'une idée universelle, brèche s'étendant à quelques centaines d'années et à un petit nombre de nations.

Mais si cette brèche, —purement partielle dans un passé immémorial,— comprend le développement intellectuel de l'Europe et si elle est creusée par les Européens, elle prend immédiatement une importance non proportionnée à sa durée et à sa richesse en arguments.

Si grande et si précieuse que soit la contribution apportée par l'Europe au trésor mental de l'humanité, nous autres Européens, nous avons une tendance à l'estimer au-dessus de sa véritable valeur et à oublier que la très courte période de progrès intellectuel de l'Europe ne peut rationnellement contrebalancer la totalité de la production mentale des races non européennes, amassée pendant des milliers de siècles.

Cet agrandissement apparent dans la vision de notre récent passé, capable de cacher le passé du monde à notre vision mentale, comme un écran posé devant les yeux nous enlèverait la vision du soleil, est un danger contre lequel nous devrions nous garantir. Ni pour l'individu, ni pour les nations, la présomption intellectuelle n'est synonyme de grandeur ; le sentiment qui fait que l'Anglais regarde toutes les races à peau colorée comme inférieures à la sienne et les désigne en bloc sous le nom de « nègres », races dont on ne pourrait tirer aucun enseignement, ce sentiment est essentiellement petit et mesquin. Les Sages écoutent plus volontiers ceux dont les habitudes de penser sont les plus différentes des leurs, sachant qu'ainsi ils peuvent par hasard saisir une lueur de quelque nouvel aspect de la vérité, au lieu de voir une fois de plus la simple réflexion d'un aspect déjà familier. Pour les hommes, les mœurs, les traditions propres à chaque race, le milieu ambiant constitue des verres colorés à travers lesquels ils regardent le soleil de la vérité ; chaque verre prête sa teinte au rayon solaire, et le rayon blanc est transmis comme rayon rouge, ou bleu, ou jaune, à leur gré. Comme nous ne pouvons pas nous débarrasser du verre et saisir la radiation pure, incolore, nous agissons sagement en combinant les rayons colorés afin d'obtenir la radiation blanche.

Or la réincarnation est une vérité qui a régné sur les esprits de millions innombrables d'individus de notre race et qui a modelé les pensées de la vaste majorité pendant des siècles sans nombre.

Elle s'effaça de l'esprit européen pendant les Ages d'Obscurité, et ainsi elle cessa — pour le dommage de celui-ci — d'influencer notre développement mental et moral. Au cours du siècle dernier, elle a de temps en temps traversé, comme un éclair, l'esprit de quelques-uns des plus grands hommes de l'Occident, leur apparaissant comme une explication possible de certains problèmes, les plus embarrassants, de la vie.

Sans aucun doute, dans les grandes religions historiques de l'Orient, la doctrine de la réincarnation était considérée comme un dogme fondamental. Aux Indes, de même qu'en Égypte, la réincarnation a été la racine de l'éthique. Chez les Juifs elle a été communément admise parmi les Pharisiens[1], et la croyance populaire apparaît dans des passages divers du *Nouveau Testament*, par exemple lorsque Jean-Baptiste est considéré comme la réincarnation d'Élie, ou lorsque les disciples demandent si l'homme, né aveugle, souffre pour les péchés de ses parents ou pour un de ses péchés antérieurs. *Le Zohar*, aussi, considère les âmes comme sujettes à la transmigration : « Toutes les âmes sont sujettes à la révolution (métempsychose, *a'leen goolah*), mais les hommes ne connaissent pas les voies de Dieu ; ce qui est heureux ! ils ignorent comment ils ont été jugés de tout temps, et avant qu'ils ne soient venus dans ce monde et lorsqu'ils l'ont quitté. » Le *Kether Malkuth* a évidemment la même idée que celle transmise par Joseph, lorsqu'il dit : « Si elle (l'âme) est pure, elle obtiendra grâce et se réjouira au jour dernier ; mais si elle a été souillée, elle errera pendant quelque temps dans la peine et dans le désespoir[2]. »

Nous trouvons également cette doctrine enseignée par d'éminents Pères de l'Église et Ruffinus[3] déclare que la croyance en elle était commune parmi les

---

[1] Josèph., *Antiq.*, XVIII, I, § 3, dit que le vertueux aura le pouvoir « de ressusciter et de vivre à nouveau ».
[2] *Zohar*, II, fol. 99. b. sq. Cité dans la *Qabbalah* de Myer, p. 198.
[3] Lettre à Anastase, citée par E. D. Walker, dans *Reincarnation : A study of forgotten Truth* (Étude d'une Vérité oubliée).

Pères primitifs. Inutile de dire que les gnostiques philosophes et que les néo-platoniciens la considéraient comme partie intégrante de leur doctrine.

Si nous dirigeons nos regards vers l'hémisphère occidental, nous y découvrons la réincarnation comme une croyance fermement enracinée parmi beaucoup de tribus de l'Amérique du Nord et du Sud. Les Mayas, présentant une connexité excessivement intéressante de langage et de symbolisme avec l'ancienne Égypte, ont maintenu jusqu'à ce jour la foi dans cette doctrine traditionnelle. On pourrait y ajouter les noms de bien d'autres tribus, vestiges de nations jadis renommées, et qui dans leur décadence ont conservé les croyances ancestrales par lesquelles elles étaient autrefois rattachées aux peuples les plus puissants du monde ancien. Il n'est pas vraisemblable qu'un enseignement d'une si immense antiquité, et possédant des ancêtres d'une intellectualité si grandiose, puisse entièrement s'effacer de l'esprit humain ; aussi il nous semble que l'éclipse, subie il y a quelques centaines d'années, a été très partielle, affectant seulement une petite portion de la race. L'ignorance qui envahit l'Europe, emporta la croyance dans la réincarnation, de même qu'elle emporta toute philosophie, toute métaphysique et toute science. L'Europe du moyen âge n'offrait pas le sol sur lequel eût pu fleurir une idée rayonnante et philosophique sur la nature et sur la destinée. Mais dans l'orient, qui jouissait d'une civilisation affinée et aimable pendant que l'Europe tombait dans la barbarie ; dans l'Orient, qui avait ses philosophes et ses poètes pendant que l'Occident était profondément illettré ; dans l'Orient, disons-nous, la grande doctrine régnait d'une façon indiscutée, tant dans la métaphysique subtile des Brahmanes que dans la noble moralité abritée sous l'ombre de Bouddha et de sa Bonne Loi.

Bien qu'un fait naturel puisse pendant quelque temps rester ignoré dans une partie du monde, il ne peut être détruit ; submergé pour un moment, il s'imposera de nouveau au regard des hommes. L'histoire de la doctrine de la réincarnation, en Europe, le démontre à nouveau : par ses réapparitions occasionnelles, dont la trace peut être relevée depuis la fondation du christianisme jusqu'au temps actuel, et par le succès croissant qu'elle obtient aujourd'hui.

Rappelons ce que dit E. D. Walker dans l'ouvrage déjà cité : « Quand, pour la première fois, la chrétienté pénétra en Europe, la pensée intérieure de ses chefs était profondément influencée par cette vérité. L'Église tenta infructueusement de la déraciner, et dans diverses sectes cette vérité continuait à émerger par poussées, jusqu'au delà d'Origène et de Bonaventure, ses avocats au moyen âge. De grandes âmes intuitives, Paracelse, Bœhme, Swedenborg, par exemple, ont adhéré à cette vérité. Les lumières de l'Italie : Giordano Bruno et Campanella l'ont embrassée. Ce qu'il y a de mieux dans la philosophie s'en est enrichi. Dans

Schopenhauer, Lessing, Hegel, Herder et Fichte le Jeune, elle est sérieusement discutée. Les systèmes anthropologiques de Kant et de Schelling offrent des points de contact avec elle. Helmont, le cadet, dans *De Revolutione animarum*, expose en deux cents problèmes tous les arguments qui peuvent être invoqués en faveur du retour des âmes dans les corps humains, conformément aux idées des Juifs. Parmi les penseurs anglais, les platoniciens de Cambridge l'ont défendue avec beaucoup de science et de vivacité : Henry More fut son avocat le plus brillant. Dans Cudworth et Hume elle constitue la théorie la plus rationnelle d'immortalité. Glanvill[4] (*Lux orientalis*[5]) lui consacre un exposé curieux. Elle captiva l'esprit de Fourier et de Leroux. Le livre d'André Pezzani sur la *Pluralité des vies de l'âme*[6] élabore ce système, en se basant sur l'idée de l'expiation du catholicisme romain. »

Le lecteur de Schopenhauer connaît l'aspect qu'affecte la réincarnation, dans sa philosophie. Étant donnée la connaissance profonde qu'avait le grand Allemand des pensées d'Orient, par suite de ses études des *Upanishads*, il aurait été étrange que cette pierre angulaire de la philosophie hindoue ne trouvât pas place dans son système. Schopenhauer n'est pas, non plus, le seul philosophe d'Allemagne, intellectuel et mystique, qui ait accepté la réincarnation comme facteur indispensable dans la Nature.

Les opinions de Fichte, de Herder, de Lessing, peuvent évidemment prétendre à une certaine notoriété dans le monde intellectuel, et ces hommes voient dans la réincarnation une solution des problèmes autrement insolubles. Il est vrai que le monde intellectuel n'est pas un État despotique, et personne ne saurait, rien qu'en raison de son autorité personnelle, imposer son opinion à d'autres ; néanmoins, on y pèse plutôt la valeur des opinions qu'on ne compte leur nombre. Aussi, bien qu'ils soient ici en petite minorité, les intellects les plus puissants et les plus instruits de l'Occident ne manqueront pas de prêter une respectueuse attention à ce qu'ils avancent après réflexion. L'attention leur sera aussi accordée par tous ceux dont l'esprit n'est pas enchaîné par la tradition moderne, au point de les rendre incapables d'apprécier la valeur des arguments, destinés à soutenir une vérité peu acceptée à l'heure actuelle.

Il est à noter que la simple idée de la réincarnation n'est plus regardée dans l'Occident — au moins par les gens éduqués — comme absurde. Elle s'élève graduellement au rang d'une hypothèse possible, qui doit être prise en considéra-

---

[4] Joseph Glanvill (1636-1680) écrivain, philosophe et clergyman anglais (NDE).
[5] London, 1662 (NDE).
[6] Pezzani, André (1818-1877), *La pluralité des existences de l'âme conforme à la doctrine de la pluralité des mondes...*, Paris, Didier, 1865 (NDE).

tion, comme pouvant expliquer des phénomènes embarrassants et apparemment sans rapport entre eux. La regardant, en ce qui me concerne, comme un fait prouvé, je suis plutôt portée à la présenter ici comme une hypothèse probable, jetant plus de lumière, que toute autre théorie, sur le problème obscur de la constitution de l'homme, de son caractère, de son évolution, de sa destinée.

La réincarnation et le Karma sont, dit un Maître, les deux doctrines dont l'Occident a le plus besoin ; de sorte que, pour celui qui croit aux Maîtres, ce n'est point faire mal que de donner au lecteur une esquisse de cet enseignement central de la philosophie ésotérique.

2. CE QUE SIGNIFIE LA RÉINCARNATION

Que veut dire le terme *réincarnation*? De par son étymologie, ce mot peut signifier toute entrée répétée dans une enveloppe physique ou charnelle. Il implique certainement l'existence d'un élément permanent qui entre, demeure, dans la succession d'êtres relativement impermanents. Mais le mot ne nous dit rien sur la nature du permanent et de l'impermanent, sauf que les habitations impermanentes sont de «chair». Un autre mot, souvent usité comme synonyme de réincarnation, le mot *métempsychose*, suggère l'autre face du processus; ici l'habitation est ignorée, et l'attention est portée sur le transfert de l'âme (*psyché*), partie relativement permanente.

En mettant côte à côte les deux mots comme signifiant l'idée tout entière, nous aurions l'entrée d'une *psyché* ou «âme» dans des «corps de chair» successifs; or, bien que le mot «âme» ouvre le champ à de sérieuses objections à cause de son sens vague et de ses interprétations théologiques, maintenons-le pour l'instant comme figurant, dans l'esprit de la plupart des personnes, une forme d'existence survivant à la charpente physique, à laquelle elle a été reliée durant la vie terrestre.

Dans ce sens général, en dehors de tout enseignement exotérique ou ésotérique, la réincarnation et la métempsychose sont des mots qui désignent une théorie de l'existence, selon laquelle une forme de matière visible est habitée par un principe plus éthéré, qui survit à son enveloppe physique et qui, à la mort de cette dernière, s'en va immédiatement, ou après un intervalle, demeurer dans quelque autre enveloppe.

Jamais, peut-être, cette doctrine, dans sa forme la plus élevée, n'a été exposée d'une façon plus claire ou plus belle que dans l'encouragement fameux d'Arjûna par Krishna, contenu dans la Bhagavad Gîtâ (18-25 [7]):

«Ces corps qui finissent procèdent d'une âme éternelle, indestructible, immuable...

«Celui qui croit qu'elle tue, ou qu'on la tue, se trompe: elle ne tue pas, elle n'est pas tuée.

---

[7] *Bhagavadgîtâ upanishad* ou *La doctrine exposée par le Seigneur*, traduit du sanscrit par Émile Sénart, rééd. arbredor.com.

« Elle ne naît, elle ne meurt jamais, elle n'est pas née jadis, elle ne doit pas renaître. Sans naissance, sans fin, éternelle, antique, elle n'est pas tuée quand on tue le corps.

« Comment celui qui la sait impérissable, éternelle, sans naissance et sans fin, ô Partha, pourrait-il tuer quelqu'un ou le faire tuer ?

« Comme l'on quitte des vêtements usés, pour en prendre de nouveaux, ainsi l'âme quitte les corps usés pour revêtir de nouveaux corps.

« Ni les flèches ne la percent, ni la flamme ne la brûle, ni les eaux ne l'humectent, ni le vent ne la dessèche.

« Inaccessible aux coups et aux brûlures, à l'humidité et la sécheresse : éternelle, répandue en tous lieux, immobile, inébranlable.

« Invisible, ineffable, immuable, voilà ses attributs ; puisque tu la sais belle, ne la pleure donc pas. »

La théorie de la réincarnation, dans la philosophie ésotérique, affirme donc l'existence d'un Principe vivant et individualisé, qui demeure dans le corps d'un homme, le vivifie et qui, à la mort, passe dans un autre corps, après un intervalle plus ou moins long. Ainsi, les vies corporelles successives sont reliées ensemble comme des perles rangées sur un fil : le fil étant le Principe vivant, les perles enfilées, les vies humaines séparées.

3. CE QUI SE RÉINCARNE

Si nous admettons que la réincarnation consiste dans ce fait qu'un être vivant habite successivement dans une série de corps humains, une question se pose naturellement : En quoi consiste ce quelque chose de vivant, ce Principe persistant qui se réincarne ?

Comme notre compréhension de l'enseignement tout entier dépend de la clarté de la réponse à cette question, ce ne sera pas perdre notre temps que de nous arrêter un peu sur les circonstances qui ont amené et entouré la première incarnation de ce Principe vivant dans une forme humaine. Pour rendre cette incarnation parfaitement intelligible, nous sommes obligés d'esquisser l'évolution de l'homme.

On expose dans nos Manuels que la Monade ou l'Atma-Boudhi est décrite comme «la source principale de toute l'évolution, la force propulsive à la racine de toutes choses». Ceux pour qui ce nom technique n'est pas familier, comprendront l'idée transmise par ce terme aux théosophes, s'ils pensent à la Vie universelle, la Racine de tout ce qui existe, faisant graduellement évoluer, comme sa propre manifestation, les formes variées qui constituent notre monde.

Nous ne pouvons pas retracer ici l'histoire de notre terre dans les premiers stades de son évolution éonienne. Mais nous devons nous contenter de saisir le fil de l'évolution au commencement du stade présent, quand le germe de ce qui devait devenir homme est apparu sur notre globe, comme résultat d'une évolution antérieure. H. P. Blavatsky a exposé les détails de cette évolution dans le second volume de la *Doctrine secrète*; c'est à cet ouvrage que je renvoie l'étudiant sérieux et scrutateur. Qu'il nous suffise de dire que la forme physique de ce qui était destiné à devenir homme, a subi une lente et graduelle évolution : deux grandes races ayant atteint leur développement complet et une troisième ayant parcouru la moitié de sa course, avant que l'humanité eût été achevée en ce qui concerne sa nature physique ou animale. Cette nature appelée avec justesse animale, parce qu'elle contient ce que l'homme a de commun avec la bête un corps physique dense, son double éthérique, sa vitalité, ses passions, appétits et désirs —cette nature a été construite par des forces terrestres et par d'autres forces cosmiques, pendant des millions d'années. Elle a été couvée, enveloppée, pénétrée par cette

Vie universelle qui est « la Force propulsive de l'évolution », cette Vie que, dans tous les âges, les hommes ont appelée *divine*.

Un commentaire occulte, cité dans *la Doctrine Secrète*[8], parlant de cette phase d'évolution, mentionne les formes appelées techniquement « doubles astrals » qui se sont transmués en corps physiques des hommes, et décrit ainsi la situation au point que nous avons atteint : *cette Rûpa*[9] *(forme) est devenue le véhicule des Monades (septième et sixième Principes) qui ont complété leur cycle de transmigration dans les Kalpas (rondes) précédents. Alors, ils (les doubles astrals) sont devenus les hommes de la Première race humaine de la ronde. Mais ils n'étaient pas complets et étaient dépourvus de sens.*

Ici se trouvaient, pourrions-nous dire, les deux pôles de la manifestation de la vie évoluante :

1º L'animal avec toutes ses potentialités sur le plan inférieur, mais nécessairement sans esprit, sans conscience, errant sans but sur la terre, allant inconsciemment en avant, en raison de la force propulsive contenue en lui-même, qui le poussait toujours ;

2º Le Divin, cette force trop élevée dans sa pure nature éthérique pour atteindre la conscience sur les plans inférieurs, et ainsi incapable de franchir l'abîme qui s'étendait entre elle et le cerveau animal qu'elle vivifiait, mais ne pouvait illuminer.

Tel était l'organisme destiné à devenir homme, créature ayant des potentialités merveilleuses, un instrument à cordes toutes prêtes à vibrer musicalement. Où était la puissance capable de rendre actuelles ces potentialités, — d'où viendrait le contact susceptible d'éveiller la mélodie, de la faire vibrer au loin dans l'espace ?

Quand l'heure sonna, la réponse vint du plan mental ou manasique. Pendant que cette double évolution décrite plus haut, évolution monadique et physique, poursuivait son cours sur notre globe, une troisième ligne d'évolution, qui devait trouver son aboutissant dans l'homme, s'effectuait dans une sphère plus haute. Cette ligne était celle de l'évolution intellectuelle, et les sujets en sont les inférieurs parmi les fils de l'Esprit (Manasapoutra). Entités soi-conscientes et intelligentes, comme leur nom l'implique. On parle des Manasapoutra sous beaucoup de noms différents : Seigneurs de la lumière, Dhyâns-Chohans, Kumâras, Dragons de sagesse, Pitris solaires, etc., noms allégoriques et poétiques, qui deviennent attrayants et familiers pour l'étudiant, au cours de ses lectures,

---

[8] Vol. I, p. 171.
[9] Rûpa : en français prononcer Roupa ; en sanscrit l'*u* se prononce toujours *ou*.

mais qui causent beaucoup de trouble et de confusion au débutant qui ne peut se rendre compte s'il doit en faire une ou plusieurs classes d'êtres. De fait, le nom représente divers grades. Cependant, la seule chose que le débutant ait besoin de comprendre, c'est qu'à un stade donné de l'évolution, certaines entités soi-conscientes, intelligentes, ayant un long passé d'évolution intellectuelle derrière elles, entrèrent dans les hommes et s'y incarnèrent. Ces entités trouvèrent dans l'homme physique l'instrument tout prêt et convenable pour leur évolution ultérieure.

L'arrivée de ces *Fils de l'Esprit* est exprimée en phrases poétiques, dans les stances du *Livre de Dzyan*[10] :

Les Fils de la Sagesse, les Fils de la Nuit, prêts à renaître, descendirent... La troisième race était prête. « Dans ceux-ci nous habiterons », dirent les Seigneurs de la Flamme... La troisième race devient le Vâhan (véhicule) *des Seigneurs de la Sagesse.*

Ces Seigneurs de la Sagesse s'incarnèrent comme Maîtres et furent les pères des Egos réincarnés, des hommes, tandis que les Pitris Solaires d'un degré inférieur devinrent eux-mêmes les Egos réincarnés des races directrices ; ces Egos constituent l'Esprit ou plutôt les Esprits dans les hommes, le Manas, ou cinquième Principe, décrit quelquefois comme l'âme humaine ou âme rationnelle. Je préfère, en parlant de l'Ego réincarné, employer le terme *Penseur*, plutôt que celui d'Esprit, car le mot Penseur suggère une entité individuelle, tandis que celui d'Esprit suggère une vague généralité.

Il est intéressant et significatif que le mot *man* (*homme*, en anglais), traversant tant de langues, se trouve, comme origine, ramené à ce mot Manas, c'est-à-dire à sa racine *man*, penser.

Skeat[11] donne le mot en anglais, en suédois, en danois, en allemand, en islandais, en gothique, en latin (*mas*, pour *mans*), le faisant dériver de la racine sanscrite *man* et définissant par suite l'homme comme un *animal pensant* ». De sorte que, toutes les fois que nous disons *man*, homme, nous disons Penseur et nous sommes reportés en arrière, vers cette période pendant laquelle les Penseurs « descendirent >, c'est-à-dire s'incarnèrent dans le véhicule physique construit pour les recevoir ; c'est alors que l'animal, dépourvu de sens, devint l'être qui pense, en vertu du Manas qui entra et habita en lui. Ce fut alors que l'homme se trouva revêtu de son « vêtement de peau » après sa chute dans la matière physique, afin qu'il pût manger de l'Arbre de la Science et qu'il devînt ainsi un « Dieu ».

---

[10] *Doctrine Secrète*, vol. III, pp. 23 et 24.
[11] *Dictionnaire étymologique*, au mot : *Man*.

Cet homme est le chaînon entre le divin et l'animal, que nous avons regardés comme essentiellement connexes et cependant tenus éloignés d'une étroite *intercommunion*. Il étend une main en haut vers la Monade divine, vers l'Esprit dont il est le descendant, élevant ses regards afin d'assimiler cette essence plus pure, afin que son intelligence devienne spirituelle, son savoir de la Sagesse. Il pose son autre main sur l'Animal qui doit le porter à la conquête des plans inférieurs, afin de le dresser et de le soumettre à ses propres fins et d'en faire un instrument parfait pour la manifestation de la vie supérieure. Longue est la tâche qu'il a devant lui ; il s'agit d'élever l'Animal jusqu'au Divin, de sublimer la matière en Esprit, de conduire sur l'arc ascendant la Vie qui vient de traverser l'arc descendant et qui doit maintenant remonter, portant avec elle tous les fruits de son long exil hors de sa vraie patrie. A la fin, l'homme doit réunir les aspects séparés de l'Unique amener l'Esprit à la soi-conscience sur tous les plans, amener la matière à la manifestation parfaite de l'Esprit. Telle est sa tâche sublime, pour l'accomplissement de laquelle la réincarnation doit être son outil.

Cet Homme est donc le réel Soi humain, et nous sommes dans l'erreur quand nous pensons à notre corps comme «Je» et quand nous exaltons trop notre temporaire «vêtement de peau». C'est comme si un être regardait son vêtement comme lui-même, et lui-même comme une simple dépendance de ses vêtements. De même que nos habits sont faits pour nous et non nous pour eux, étant seulement des choses rendues nécessaires par le climat, le confort et l'usage, de même nos corps nous sont seulement nécessaires à cause des conditions qui nous entourent et sont là pour nous servir et non pour nous subjuguer. Certains Indiens ne parleront jamais des nécessités de leur corps, comme leur étant propres ; ils disent : « Mon corps a faim », « Mon corps est fatigué », et non : « J'ai faim », ou « Je suis fatigué. » Et bien qu'à nos oreilles la phrase puisse sonner bizarrement, elle interprète plus fidèlement les faits que notre Soi identifié avec le corps. La vie deviendrait une chose plus grande et plus sereine si nous avions l'habitude de nous identifier mentalement, non avec l'habitation dans laquelle nous vivons, mais avec le Soi humain qui y demeure. Nous rejetterions alors les ennuis, comme nous enlevons avec la brosse la poussière de nos habits. Nous considérerions alors que la valeur de toutes choses qui nous arrivent ne réside pas dans la douleur ou la joie qu'elles apportent à nos corps, mais dans le progrès ou le retard qu'elles apportent à l'Homme qui est en nous. Et puisque toutes les choses sont de la matière à expériences et des leçons pour chacun de nous, nous devrions de nos chagrins oublier la morsure, en recherchant dans chacun d'eux la sagesse qui s'y trouve enveloppée comme les pétales sont repliés dans le bouton. A la lumière de la réincarnation la Vie change d'aspect, car elle devient une école pour l'Homme éternel qui est en nous, qui y cherche son développement — l'Homme qui était, qui est et qui sera pour qui l'heure ne sonnera jamais.

Que le débutant se pénètre donc de cette idée que le Penseur est l'Homme, l'Individualité, l'Ego réincarné et que cet Ego, alors qu'il éduque et purifie le soi animal auquel il est lié pendant la vie terrestre, tend à s'unir avec la Monade divine. Uni à cette Monade divine, étincelle de la Vie universelle et inséparable d'elle, le Penseur devient l'Ego spirituel, l'Homme divin.

On parle quelquefois du Penseur comme du véhicule de la Monade, l'enveloppe éthérée, pour ainsi dire, à l'aide de laquelle la Monade peut agir sur tous les plans; de là vient que nous trouvons souvent des écrivains théosophes disant que la Triade, ou la Trinité, dans l'Homme, est ce qui se réincarne. Cette expression, bien que vague, peut être admise, si l'étudiant se souvient que la Monade est universelle et non particulière et que c'est seulement notre ignorance qui nous induit en l'erreur de la séparation de nous-mêmes d'avec nos frères, qui nous abuse en nous faisant voir une différence entre la Lumière dans l'un et la Lumière dans l'autre.

La Monade étant universelle et identique dans l'infinie variété des êtres, ce n'est réellement que le Penseur qui, strictement, se réincarne; et c'est ce *Penseur*, en tant qu'*individualité*, qui nous intéresse.

Or, dans ce Penseur résident toutes les puissances que nous classons comme Esprit. En lui sont la mémoire, l'intuition, la volonté. Il recueille toutes les expériences des vies terrestres qu'il traverse, et met en dépôt ces trésors accumulés, pour les transmuer dans lui-même, par sa propre alchimie divine, en cette essence d'expérience qui est la Sagesse. Même lors de notre courte vie terrestre nous faisons la distinction entre le savoir que nous acquérons et la sagesse que, graduellement, — hélas, trop rarement — nous distillons de ce savoir. La sagesse est le fruit de l'expérience d'une vie, le capital amassé par les ans. Et, à un point de vue plus élevé et plus noble, la Sagesse est le fruit de nombreuses incarnations, dans lesquelles le savoir a été gagné, l'expérience accumulée, la patience perfectionnée, de sorte qu'à la longue l'Homme divin est le produit glorieux de l'évolution séculaire. Dans le Penseur est donc notre dépôt d'expériences, moissonnées pendant toutes les vies passées, récoltées à travers beaucoup de renaissances, héritage dans lequel chacun entrera sûrement quand il aura appris à s'élever au-dessus de l'esclavage des sens, en dehors de la tempête et des agitations de la vie terrestre, vers cette région plus pure, vers ce plan suprême où réside notre véritable Soi.

4. CE QUI NE SE RÉINCARNE PAS

Nous avons vu dans le paragraphe précédent que la forme extérieure de l'homme, sa nature physique, a été lentement édifiée, à travers deux races et demie, jusqu'à ce qu'elle eut été prête à recevoir le Fils de l'Esprit. Et nous avons considéré le produit de cette édification comme la partie animale de notre nature constituée par quatre éléments ou « principes » distincts : 1° le corps ; 2° le double éthérique ; 3° la vitalité ; 4° la nature passionnelle, c'est-à-dire les passions, appétits et désirs. C'est cet homme-animal que le Penseur est venu inspirer et ennoblir, le différenciant ainsi de ses prédécesseurs. Supprimez le Penseur, comme cela existe chez l'idiot congénital, vous n'aurez qu'un animal, malgré son apparence humaine.

Or le Penseur, uni à l'homme-animal, le vivifiant, communique à cette nature inférieure celles de ses propres capacités qu'elle est capable de manifester ; et nous considérons ces capacités, se manifestant par l'intermédiaire du cerveau humain, comme provenant du cerveau-esprit ou esprit inférieur.

En Occident, le développement de ce cerveau-esprit constitue l'habituelle démarcation entre la brute et l'être humain. Ce que le théosophe regarde simplement comme cerveau-esprit ou esprit inférieur, la généralité des Occidentaux le considère comme l'esprit lui-même ; il en résulte de la confusion, lorsque théosophes et non-théosophes discutent ensemble.

Le Penseur, dans son effort pour atteindre et influencer l'homme-animal, émet un rayon qui fait vibrer le cerveau ; cette vibration ou pouvoir mental ne se manifeste que dans la mesure permise par la configuration et les autres propriétés physiques de ce dernier. Ce rayon met en branle les molécules des cellules nerveuses cérébrales (de même qu'un rayon lumineux fait vibrer les molécules des cellules nerveuses de la rétine) ; il fait ainsi surgir la notion de l'existence dans le plan physique. Raison, jugement, mémoire, volonté, idéation : toutes ces facultés que nous connaissons et qui se manifestent dans le cerveau en pleine activité toutes sont issues du rayon envoyé par le Penseur et modifié par les conditions matérielles à travers lesquelles il doit être transmis. Ces conditions comprennent des cellules nerveuses saines, groupées dans des proportions bien définies ; un apport régulier de sang contenant de la matière nutritive aisément assimilable par ces cellules, de façon à compenser les pertes, et charriant de l'oxygène qu'abandonnent sans difficultés ses globules. Si ces conditions, ou quelques-unes d'entre elles, font défaut, le cerveau ne fonctionne plus et la pensée ne peut plus être élaborée par un tel cerveau, pas plus qu'une mélodie ne peut être exécutée sur des orgues dont la soufflerie serait brisée. Le cerveau ne produit pas plus la pensée que l'orgue la mélodie ; dans les deux cas, il y a un exécutant qui intervient pour faire fonctionner l'instrument. Toutefois, le pouvoir qu'a l'exécutant de se manifester par la pensée ou par la mélodie, est limité par les capacités de l'instrument.

Il est absolument nécessaire que l'étudiant apprécie clairement cette différence entre le Penseur et l'homme-animal, le premier agissant sur le cerveau du second, parce que toute confusion entre les deux rendra inintelligible la doctrine de la réincarnation. En effet, seul le Penseur se réincarne, *l'homme-animal ne le fait pas*.

Voilà la véritable difficulté qui en entraîne tant d'autres. L'Homme vrai agit par l'intermédiaire du cerveau de l'homme-animal auquel il est uni et reste le même pendant la série des incarnations. Il vivifie tour à tour : Sashital Dev, Caïus Glabrio, Johanna Wirther, William Johnson, et au cours de ces diverses existences récolte de l'expérience, recueille du savoir et s'approprie dans son propre Être éternel les matériaux que chacune d'elles lui fournit. En s'unissant avec son véritable Ego, l'homme-animal gagne son immortalité. Ce n'est point Sashital Dey qui se réincarne comme Caïus Glabrio et après comme Johanna Wirther, apparaissant ensuite comme William Johnson dans l'Angleterre du dix-neuvième siècle, mais c'est le Fils de l'Esprit, unique, éternel, qui habite successivement dans chacun d'eux, acquérant chaque fois une nouvelle expérience, un nouveau savoir. Seul cet Ego réincarné peut embrasser d'un regard en arrière toute la série de ses renaissances, se souvenant de chaque vie, de l'histoire de chaque pèlerinage depuis le berceau jusqu'à la tombe, de tout le drame déroulé, acte par acte, siècle par siècle. En reprenant mes personnages imaginaires :

William Johnson, au dix-neuvième siècle, ne peut pas regarder en arrière, ni se rappeler ses renaissances, car, personnellement, il n'a jamais existé antérieurement et *ses* yeux n'ont jamais vu la lumière. Mais le caractère inné de William Johnson, ce caractère avec lequel il est venu dans le monde, a été élaboré et forgé à coups de marteau par : Johanna Wirther en Allemagne, par Caïus Glabrio à Rome, par Sashital Dev dans l'Indoustan, et par beaucoup d'autres prédécesseurs terrestres, dans bien des pays, et au milieu des civilisations les plus variées ; par sa propre vie quotidienne, il est en train d'ajouter de nouvelles retouches à cette œuvre séculaire, de sorte qu'il la lèguera, différente de ce qu'elle a été —plus basse ou plus noble — à son héritier et successeur, sur la scène de la vie, qui deviendra ainsi la continuation de lui-même, malgré les apparences extérieures.

C'est ainsi que la question : « Pourquoi ne se souvient-on pas de ses vies antérieures ? », question qui vient tout naturellement à l'esprit et qui nous est si fréquemment posée, est basée sur une idée erronée qu'on se fait de la théorie de la réincarnation. « Moi », le vrai « Moi » se souvient, mais l'homme-animal non encore parvenu à une union correspondante complète avec son vrai Soi, ne peut se rappeler un passé auquel, personnellement, il n'a pas pris part. La mémoire cérébrale peut seulement contenir un registre des événements auxquels ce cerveau a été intéressé. Or, le cerveau de William Johnson n'est pas celui de Johanna Werther, ni celui de Caïus Glabrio, ni celui de Sashital Dev.

William Johnson ne peut donc se rappeler les vies passées, reliées à la sienne, que si son cerveau devient capable d'être impressionné par les vibrations délicates et subtiles de ce rayon qui constitue le pont entre son moi personnel transitoire et son Soi éternel. Pour faire cela, il doit être étroitement uni à ce Soi réel et doit vivre conscient de ce fait que lui il n'est pas William Johnson, mais le fils de l'Esprit et que William Johnson est seulement la maison temporaire dans laquelle il vit pour ses propres desseins. Au lieu de vivre avec la simple conscience cérébrale, il doit vivre avec la conscience supérieure ; au lieu de regarder son vrai Soi comme différent de lui, comme extérieur à lui et de confondre le William Johnson transitoire avec le « Moi », il doit s'identifier avec le Penseur et regarder William Johnson comme organe extérieur, utile au travail sur le plan matériel, et devant être éduqué et dressé jusqu'au plus haut point d'efficacité, cette efficacité comprenant la communication rapide entre le cerveau de William Johnson et son possesseur réel.

Peu à peu l'homme de chair devient sensible aux vibrations des plans supérieurs ; graduellement le vrai Soi augmente son influence sur son habitation corporelle. A mesure que se fait cette ascension difficile, des lueurs de souvenirs des incarnations passées traversent comme un éclair la conscience inférieure ; puis à ces flamboiements succèdent des visions permanentes jusqu'à ce que finalement le passé soit reconnu comme « mien » par le fil continu de la mémoire donnant le sentiment de l'individualité. Alors, l'incarnation présente est simplement considérée comme le dernier habit que le Soi ait revêtu, et n'est d'aucune façon identifiée avec ce Soi, pas plus que le vêtement que l'homme met n'est regardé par lui comme faisant partie de lui-même. Un homme ne considère pas son habit comme partie de sa personne, parce qu'il est consciemment capable de le retirer et de le voir séparé de lui-même. Quand l'Homme vrai agit de la même façon avec son corps, consciemment sur ce plan, la certitude devient complète.

L'habit donc, le «vêtement de peau», le double éthérique, la vitalité, la nature passionnelle ne se réincarnent pas, mais leurs éléments se désagrègent et retournent vers ceux auxquels ils appartiennent dans les mondes inférieurs.

Tout ce que William Johnson a eu de meilleur passe avec l'Ego dans une période de repos bienheureux, jusqu'à ce que l'impulsion qui l'a fait sortir de la vie terrestre soit épuisée et qu'il retombe sur la terre.

5. LA MÉTHODE DE LA RÉINCARNATION

Après avoir acquis une idée nette de l'Ego réincarné ou Penseur, et de la distinction entre celui-ci et l'homme-animal transitoire, l'étudiant doit essayer de comprendre la méthode de la réincarnation.

Pour y bien parvenir, il faut considérer le *plan* auquel appartient le Penseur et la Force par laquelle il se manifeste. Le Penseur, c'est le cinquième Principe de l'homme et ce cinquième Principe du microcosme, l'homme, — correspond au cinquième plan dans le macrocosme, — l'Univers, en dehors de l'homme. Ces plans sont, selon la philosophie ésotérique, des différenciations de la Substance primaire ; la conscience travaille sur chacun d'eux à travers leurs conditions propres, quelles qu'elles soient. *Substance* est un mot employé pour exprimer l'existence dans sa forme objective la plus précoce, la manifestation primaire de l'aspect périodique de l'Un, la première pellicule du futur cosmos, lors des obscurs commencements de toutes choses manifestées. Cette substance contient en elle la potentialité de tout : de l'Esprit le plus éthéré, de la matière la plus dense. De même que Sir W. Crookes établit, en chimie, l'existence d'un protyle ou substance première dont sont formés les atomes, éléments des molécules dont sont constituées les substances composées, etc., dans une complexité toujours croissante, de même la philosophie ésotérique admet une substance primaire d'où tout le Cosmos est évolué, qui dans sa plus grande raréfaction constitue : l'Esprit, l'Énergie, la Force, et dans sa plus grande densité représente la matière la plus solide, — toutes les formes différentes, dans tous les mondes, étant constituées par cette substance, agrégée en masses plus ou moins denses, animée par plus ou moins de Force. Un *plan* veut seulement dire : un milieu d'existence dans lequel cet Esprit-Matière varie dans certaines limites et agit d'après certaines «lois». C'est ainsi que par plan physique on entend notre monde visible, audible, tangible, odorant, gustatif, dans lequel nous arrivons au contact de l'Esprit-Matière, — la Science l'appelle Force et matière comme si ces deux éléments étaient séparables, — à l'aide des sens, qu'il s'agisse des solides, des liquides, gaz, etc. Il en est de même pour les autres plans, chacun se distinguant par les caractéristiques de son Esprit-matière. Sur chacun de ces plans, la conscience se montre, opérant à travers l'Esprit-matière du plan. Nous devons ajouter à cet exposé, à peine ébauché et très sommaire, que ces plans ne sont pas superposés et concentriques, à l'instar des pellicules d'oignons, mais qu'ils s'interpénètrent, comme l'*air* et l'*éther* dans nos corps.

Corrélativement, il y a sept Principes qui, par analogie, correspondent aux sept plans du cosmos. De ces sept principes le Penseur est le cinquième.

Or, ce cinquième principe de l'homme correspond au cinquième plan du Cosmos, celui du Mahat, Esprit universel, Idéation divine, duquel procède directement la Force qui modèle, qui guide, qui dirige, qui est l'essence de toutes les différenciations que nous appelons forces sur le plan physique. [Ce plan est souvent appelé le troisième, car en partant de l'Atma comme premier, il reste le troisième. Peu importe par quel chiffre il soit désigné, si l'étudiant comprend ce qu'est ce plan relativement aux autres.]

Le monde entier des formes subtiles ou denses procède de cette Force de l'Esprit universel agrégeant et séparant les atomes, les intégrant dans les formes, les désintégrant de nouveau, édifiant et démolissant, construisant et détruisant, attirant et repoussant.

C'est là *une* Force pour l'œil du philosophe, — de multiples forces pour l'observation de l'homme de science, — véritablement une dans son essence et multiple dans ses manifestations. Du cinquième plan viennent ainsi toutes les créations de formes, le mot *création* étant employé dans le sens de modelage du matériel préexistant, de son façonnement en de nouvelles formes. Cette Pensée-Force est, dans la philosophie ésotérique, l'unique source de forces. H. P. Blavatsky en parle comme de «la Puissance mystérieuse de la Pensée qui la rend capable de produire des résultats extérieurs, perceptibles, phénoménaux, grâce à sa propre énergie inhérente[12].»

Il en est, dans le cinquième principe de l'homme, comme dans le cinquième plan du Cosmos. Dans le Penseur réside la force par laquelle toutes choses sont faites, et c'est dans cette puissance créatrice de la pensée que nous trouverons le secret de la méthode de la réincarnation.

Ceux qui désirent se convaincre que la pensée donne naissance aux images, aux «formes-pensées», en sorte qu'à proprement parler «une pensée est une chose», peuvent trouver les preuves qu'ils cherchent dans les comptes rendus si largement répandus des expériences dites hypnotiques. La forme-pensée d'une idée peut être projetée sur du papier blanc et là devenir visible pour la personne hypnotisée ; ou bien elle peut être rendue si objective que la personne hypnotisée la verra et la sentira comme si c'était un objet physique présent. Ou bien encore, « un médium » verra une pensée d'un être humain, dans l'esprit d'une personne

---

[12] *Doctrine Secrète*, vol. I, p. 288.

présente, sous forme d'un « esprit », cette pensée s'étant réfléchie comme image dans l'aura de cette personne, c'est-à-dire dans l'atmosphère magnétique qui l'entoure. Un clairvoyant endormi ou à l'état de veille reconnaîtra et décrira une image formée délibérément par une personne présente, aucun mot n'ayant été prononcé, mais la volonté étant exercée à dessiner l'image clairement dans la pensée. Toutes les personnes qui ont beaucoup de « visions », sont jusqu'à un certain point clairvoyantes et peuvent se démontrer à elles-mêmes, par l'expérimentation personnelle, cette puissance de modeler la matière subtile par la volonté.

La matière astrale, moins subtile, peut encore être également modelée ; par exemple, H. P. Blavatsky, à la ferme d'Eddy, a modelé l'image astrale projetée du médium, en ressemblance des personnes qu'elle connaissait, mais qui n'étaient pas connues aux autres personnes présentes. Ceci non plus ne peut être considéré comme étrange, si nous nous rappelons comment des habitudes de penser modèlent même la matière dense dont nos corps physiques sont composés, à tel point que, à un certain âge, le caractère des personnes se trouve imprimé sur leur figure, — leur beauté consistant non dans la forme et la couleur, mais dans l'expression — qui est le masque modelé d'après le soi inférieur.

Toute habitude de penser, vice ou vertu, marque son empreinte sur les traits physiques, et nous n'avons point besoin d'yeux clairvoyants pour sonder l'aura, afin de dire si l'attitude mentale est généreuse ou rapace, confiante ou méfiante, aimante ou haïssante. Ceci est un fait si commun qu'il ne nous étonne plus en aucune façon, et cependant il est assez significatif ; car si la matière dense du corps est ainsi modelée par les forces de la pensée, qu'y a-t-il d'incroyable ou même d'étrange à admettre que les formes plus subtiles de la matière soient également plastiques et affectent docilement les configurations que leur donnent les doigts habiles de l'artiste immortel, l'Homme pensant ?

Le point de vue que nous adoptons ici est donc que le Manas, dans sa nature inhérente, est une énergie produisant des formes. La succession de phénomènes, dans la manifestation d'un objet extérieur, se fait de la façon suivante : Manas émet une pensée, et cette pensée prend forme dans le monde manasique ou de l'esprit ; de là elle passe dans le monde kama-manasique, y devenant plus dense ; puis dans le monde astral, où, s'épaississant encore, elle devient visible à l'œil du clairvoyant ; si elle est dirigée consciemment par une volonté disciplinée, elle peut passer de suite dans le plan physique, et y être vêtue de matière physique, devenant ainsi objective aux yeux ordinaires, tandis que, en général, elle reste dans le plan astral comme un moule qui sera reproduit dans la vie objective quand surviendront des circonstances favorables. Un Maître a écrit de l'Adepte qu'il était capable : *de projeter dans le monde visible et d'y matérialiser les formes que son imagination a construites avec de la matière cosmique inerte, dans le monde invisible. L'Adepte ne crée rien de neuf, mais il utilise et manipule seulement les matériaux que la Nature tient en dépôt autour de lui, et qui, à travers les éternités, ont passé par toutes les formes. Il n'a qu'à choisir ceux dont il a besoin et à rendre objectifs ces matériaux*[13].

Un exemple de faits bien connus, qui se passent sur le plan physique, pourrait peut-être aider le lecteur à comprendre comment l'invisible peut ainsi devenir visible. J'ai parlé d'une forme se densifiant graduellement, à mesure qu'elle passait du monde manasique au monde kama-manasique, de ce dernier à l'astral et de l'astral au monde physique. Prenez un récipient de verre, apparemment vide, mais en réalité rempli avec des gaz invisibles : hydrogène et oxygène. Par une étincelle, provoquez leur combinaison : il se fera de l'eau, mais à l'état gazeux. Si on refroidit le récipient graduellement, une buée vaporeuse deviendra visible ; puis la vapeur se condensera sur le verre sous forme de gouttes liquides, ensuite l'eau se congèlera et deviendra une couche de cristaux de glace. De même, lorsque l'étincelle manasique jaillit, elle combine la matière subtile en une forme-pensée ; celle-ci se densifie en une forme kama-manasique (analogue à la buée vaporeuse) ; celle-ci en une forme astrale (analogue à l'eau), et cette dernière en une forme physique, à laquelle correspondrait la glace. L'étudiant en philosophie ésotérique saura que dans l'évolution de la Nature tout s'opère avec une suite ordonnée, et il s'habituera à voir, dans les subdivisions de la matière du plan physique, des analogies avec les différents états sur les autres plans des mondes « invisibles ». Mais pour le non-théosophe, l'explication ne peut être donnée qu'à l'aide d'un tableau physique concret du processus de la densification, montrant comment l'invisible peut se condenser au point de devenir visible.

Toutefois, ce processus de condensation de la matière moins dense en matière plus dense est un fait de l'expérience la plus commune. Le monde végétal s'accroît en empruntant des gaz à l'atmosphère et en transformant ces matériaux en solides et liquides. L'activité de la force vitale se montre elle-même dans cette construction constante des formes visibles à l'aide des invisibles ; et que le processus sus-nommé de la pensée soit vrai ou non, il n'y a là rien d'impossible ou même d'extraordinaire. Sa vérité est de toute évidence, et ici le témoignage de ceux qui peuvent voir les formes-pensées sur les différents plans, est sûrement plus valable que celui de ceux qui ne le peuvent pas. La parole de cent hommes aveugles niant un objet visible a moins de poids que la parole d'un homme qui peut voir et qui atteste ce qu'il voit. En cette matière le Théosophe doit se

---

[13] *Le Monde occulte*, p. 88.

contenter d'attendre, puisqu'il sait que ses négations ne changeront rien aux faits et que le monde se convertira graduellement à la connaissance des formes-pensées, comme il s'est déjà converti — après une période similaire de railleries — à celle de quelques faits affirmés par Mesmer vers la fin de l'avant-dernier siècle.

Les phénomènes prennent naissance sur le plan manasique ou kama-manasique, à l'état d'idées, de pensées, de passion, d'émotion, etc.; ils revêtent alors une forme astrale et à la fin apparaissent objectivement sur le plan physique sous forme d'actions ou d'événements, en sorte que ces derniers sont des effets de causes mentales préexistantes. Or, en concordance avec la philosophie ésotérique, *le corps* est, d'après ce principe, modelé sur le double éthérique, — terme qui doit être à l'heure actuelle suffisamment familier à mes lecteurs. Il est bon d'avoir une idée claire d'un corps éthérique servant de moule, dans lequel la matière plus dense sera formée; et pour comprendre la méthode de réincarnation, cette conception du corps dense, résultant de la disposition de molécules plus denses dans un moule éthérique préexistant, doit, pour l'instant, être acceptée.

A présent, revenons au Penseur créant des formes, travaillant certainement à travers le manas inférieur ou le kama-manas dans l'homme moyen, puisque, pendant quelque temps encore, nous ne saurions espérer trouver beaucoup de traces de l'activité purement manasique. Dans notre vie journalière, nous pensons et créons ainsi des formes-pensées :

L'homme peuple continuellement sa route avec un monde à lui, rempli par la production de son imagination, de ses désirs, de ses impulsions et de ses passions[14].

[L'influence de ces formes-pensées sur autrui sera traitée ici plus tard, au sujet du Karma].

Ces formes-pensées restent dans son aura ou atmosphère magnétique, et, avec le temps, leur nombre croissant agit sur le cerveau avec une force accumulée, la répétition de pensées et de types de pensées augmentant tous les jours leur intensité, avec une énergie cumulative; certains genres de formes-pensées arrivent à dominer tellement la vie mentale, que l'homme, au lieu d'agir d'après sa propre initiative, répond le plus souvent à leurs impulsions. Ce que nous appelons habitude, c'est-à-dire la réflexion extérieure de cette force emmagasinée, se trouve ainsi établie; «le caractère» est constitué de cette façon, et si nous connaissions intimement quelqu'un de caractère mûr, nous serions capables de prédire avec une certitude presque absolue son mode d'action dans un ensemble de circonstances données.

Quand l'heure de la mort arrive, les corps les plus subtils se libèrent du corps

---

[14] Un Maître, dans *le Monde occulte*, p. 80.

physique, le double éthérique se désagrégeant graduellement en même temps que la charpente matérielle. Le corps de pensées, résultant de la vie passée, persiste pendant un temps considérable ; l'expérience qu'il a acquise s'affirme de plus en plus ; il assimile les pensées les plus variées et, centralisant ses résultats dans le corps causal, il se désagrège à son tour.

Lorsque le moment de la réincarnation approche, le corps causal, ou Ego réincarnant, construit un nouveau corps mental, puis un nouveau corps astral, pendant que les Seigneurs du Karma le pourvoient d'un moule, convenant à l'expression du Karma qui devra être accompli, moule d'après lequel est enfin édifié le double éthérique. Puisque le cerveau, en commun avec le reste du corps dense, est bâti sur ce double éthérique, ce cerveau est, de par sa conformation, l'expression physique, bien qu'imparfaite, des habitudes et qualités mentales de l'être humain qui doit alors s'incarner : le véhicule physique convenable pour l'exercice des capacités qu'il est à présent capable, grâce à son expérience, de manifester sur le plan physique.

Prenons, par exemple, le cas de personnes entretenant de mauvaises pensées ou, au contraire, des pensées vertueuses, telles l'égoïste et la charitable.

La première donne continuellement naissance à des formes-pensées d'égoïsme : désirs pour soi, espérances pour soi, projets pour soi ; et ces formes, l'entourant comme un essaim réagissent sur elle ; elle tend à devenir sans scrupules s'il s'agit de son intérêt propre, dédaignant les réclamations des autres et ne cherchant que ses fins personnelles. Elle meurt, et son caractère s'est durci dans le type égoïste, qui persiste. Comme conséquence naturelle, la forme éthérique correspondante lui est donnée et forme le moule du prochain corps dense. Attirée vers une famille de type similaire, vers des parents capables physiquement de fournir les matériaux ayant les mêmes caractéristiques, le corps dense est bâti dans ce moule éthérique et le cerveau prend la forme physiquement appropriée à la manifestation des tendances brutales de la satisfaction de soi, mais manquant, au contraire, de toute base physique pour la manifestation des vertus sociales. Un cas extrême d'égoïsme persistant, et sans scrupules, nous présente la cause de la construction du « type cérébral criminel » pour la prochaine incarnation ; l'enfant vient au monde avec cet instrument de qualité misérable dont le Penseur immortel, malgré ses plus grands efforts, pourra à peine tirer une note de mélodie pure et tendre. Pendant toute la vie, le rayon du Manas incarné dans cette personnalité sera obscurci, brisé, luttant à travers les âges karmiques. Quelquefois, en dépit de toutes les circonstances contraires, le glorieux rayon illuminera et transformera jusqu'à un certain point son véhicule physique ; la nature inférieure, luttant avec angoisse, sera de temps en temps foulée aux pieds ; alors, lentement, pas à pas, des progrès seront accomplis. Mais, à travers toute la vie, le passé dominera le présent et la coupe, remplie lors des jours oubliés, doit être vidée jusqu'à la dernière goutte par les lèvres tremblantes.

Dans le deuxième exemple, la personne charitable donne continuellement naissance à des formes-pensées de désintéressement, à des désirs d'aide pour les autres, à des desseins affectueux pour la prospérité des autres, à des espérances sérieuses pour le bien du prochain. Ces formes-pensées s'amassent autour d'elle, réagissent sur elle, et elle tend à devenir désintéressée par habitude, plaçant habituellement le bien-être des autres avant le sien ; aussi quand elle meurt, son caractère devient-il d'un désintéressement profondément enraciné. Revenant à la vie terrestre, la forme-modèle, qui représente ses caractéristiques antérieures, est attirée vers une famille susceptible de fournir les matériaux d'une espèce pure, accoutumés à répondre aux suggestions de l'Homme supérieur. Ceux-ci, disposés dans le moule éthérique, produisent un cerveau physiquement approprié à la manifestation des tendances au sacrifice de soi et une absence physique correspondante d'organes capables de manifester des instincts de brute. Ici donc ce cas extrême de l'habitude du sacrifice de soi nous fournit la cause de la construction, pour l'incarnation suivante, du type de cerveau bienveillant et philanthrope ; l'enfant vient au monde avec un instrument de qualité splendide, qui vibre sous l'attouchement le plus léger du Penseur immortel, émettant des mélodies divines d'amour et de désintéressement telles que le monde admire la gloire de cette vie humaine et les résultats qui semblent la simple émanation de la nature plutôt que le couronnement de l'effort fait délibérément. Mais ces natures royales qui débordent en grâces sont le symbole extérieur des longs conflits supportés vaillamment, des conflits qui ont eu lieu dans un passé inconnu par le présent, mais connu par le Conquérant intérieur et qui le sera aussi un jour par la personnalité qu'il vivifie.

C'est ainsi que pas à pas s'effectue l'évolution de l'Homme, le caractère passant avec son type spécial d'une personnalité dans l'autre, les gains et les pertes étant rigoureusement enregistrés dans les formes astrale et mentale, fils conducteurs des manifestations physiques. Une vertu est donc le signe extérieur et le symbole d'un progrès, de multiples victoires remportées sur la nature inférieure. La « qualité innée », la caractéristique mentale et morale avec laquelle l'enfant naît, est la preuve indubitable d'un passé de luttes, de triomphes ou d'échecs. Cette doctrine est assez désagréable à celui qui, moralement et mentalement, est paresseux et lâche, mais c'est au contraire un enseignement réjouissant et encourageant pour ceux qui, ne voulant pas être tributaires de quelque charité humaine ou divine, se contentent de récolter patiemment et laborieusement tout ce qu'ils prétendent posséder.

Edward Carpenter a émis cette noble vérité dans *Vers la Démocratie*[15], dans «le Secret du Temps et de Satan[16]».

«L'art de créer, comme tous les autres, doit être appris.

«Lentement, très lentement, pendant de nombreuses années, tu édifies ton corps.

«Et le pouvoir de construire ton corps actuel, tu l'as acquis dans le passé, dans d'autres corps.

«Ainsi, dans l'avenir tu useras de nouveau de ce pouvoir que tu acquiers maintenant.

«Mais le pouvoir d'édifier le corps comprend tous les pouvoirs.

«Sois maître de tes désirs.

«Je ne dis pas : ne désire pas, mais surveille tes désirs.

«Car un soldat qui va en campagne ne se demande pas quel nouveau fourniment il peut emporter sur son dos, mais plutôt ce qu'il peut laisser derrière lui.

«Il sait bien que chaque chose additionnelle qu'il ne peut librement employer devient un obstacle pour lui.

«De sorte que, si tu cherches pour toi la réputation, l'aisance, le plaisir ou tout autre avantage, l'image de cette chose viendra et s'attachera à toi et tu auras à la porter partout avec toi.

«Et les images et les pouvoirs que tu as ainsi évoqués se rassembleront autour de toi et te formeront un corps nouveau, réclamant subsistance et satisfaction.

«Et si, dès à présent, tu n'es pas capable d'écarter cette image, tu ne seras pas capable d'écarter ce nouveau corps, tu seras obligé de le satisfaire.

«Attention, crains qu'il ne devienne ton tombeau et ta prison, au lieu d'être une demeure ailée et un palais de joie.

«Ne vois-tu donc point que, à moins que tu ne te places en face de la Mort, tu ne saurais jamais la vaincre?

«Par le fait que tu es l'esclave de tes sens, tu t'es vêtu d'un corps dont tu n'es pas maître, tu serais condamné à une prison vivante si ce corps n'était pas destiné à être détruit. Mais, à présent, par la peine et la souffrance, tu sortiras de ce tom-

---

[15] *Towards democracy*, London, 1917 (NDE).
[16] *Secret of Time and Satan*. Chapitre de *Towards democracy* (NDE).

beau ; et à l'aide de l'expérience que tu as acquise, tu te construiras un nouveau et meilleur corps.

« Cela se renouvellera, bien des fois, jusqu'à ce que tu étendes des ailes et que tu possèdes tous les pouvoirs diaboliques et angéliques concentrés dans la chair.

« Les corps que j'ai pris se soumirent devant lui et devinrent comme des ceintures de flamme, mais je les ai rejetés.

« Et les peines que j'ai endurées dans un corps devinrent des pouvoirs dont j'ai été maître, dans le suivant. »

Grandes vérités, merveilleusement exprimées, que l'Occident admettra un jour comme elles sont depuis toujours admises en Orient.

A travers des milliers de générations, le Penseur immortel remplit donc patiemment sa mission d'élever l'homme-animal, jusqu'à ce qu'il soit propre à devenir un avec le Divin. Au cours d'une vie, il peut ne progresser que d'une façon imperceptible ; néanmoins, le modèle final est d'un type un peu plus évolué qu'il n'était à la naissance, car le produit d'une existence y a été ajouté.

Sur ce modèle légèrement amélioré sera moulé l'homme suivant, et avec celui-ci, après la mort, est obtenu un nouveau moule moins animal, qui servira pour le prochain corps physique, et ainsi de suite, de génération en génération, pendant des milliers d'années avec des retards constamment regagnés, avec des échecs vaillamment réparés, avec des blessures lentement guéries. Malgré tout, il y a toujours progrès et ascension ; l'animal diminue, l'homme s'accroît ; telle est l'histoire de l'évolution humaine, telle est la tâche, lentement accomplie, de l'Ego, à mesure qu'il s'élève vers l'humanité divine. A un certain moment, au cours de cet avancement, les personnalités commencent à devenir translucides, à répondre aux vibrations venant du penseur et à sentir obscurément qu'elles sont quelque chose de plus que des vies isolées, qu'il y a en elles quelque chose de permanent, d'immortel. Elles peuvent ne pas reconnaître complètement leur but, mais elles commencent à vibrer et à trembler sous l'attouchement de la Lumière ainsi que les bourgeons frissonnent au printemps dans leurs enveloppes, se préparant à les faire éclater et à se développer à la lumière solaire. Ce sentiment inné de l'éternité, cet étonnement en ce qui concerne la fin, est fortement exprimé dans l'un des poèmes de Walt Whitman :

« Des côtes de Californie, regardant l'Ouest,
« Interrogeant sans cesse, cherchant ce qui est encore introuvable,
« Moi, un enfant, moi très vieux, par-dessus les vagues, vers la maison paternelle, la terre de migrations, je regarde au loin.

«Regardant les rives de ma mer occidentale, dont le cercle est presque fermé;

«Car partant vers l'Ouest — partant de l'Indoustan, des vallées du Cachemire,

«De l'Asie, du Nord, — de Dieu, du Sage et du Héros,

«Du Sud, des presqu'îles fleuries et des îles légères,

«Ayant beaucoup voyagé depuis, ayant voyagé autour de la terre.

«A présent, je regarde de nouveau la terre natale, très content et joyeux.

«(Mais où est l'endroit pour lequel je suis parti il y a si longtemps?

«Et pourquoi ne l'ai-je pas encore trouvé?)»

6. BUT DE LA RÉINCARNATION

Nous avons déjà vu, en général, que le but de la réincarnation est d'ennoblir l'homme-animal, jusqu'à ce qu'il devienne l'instrument parfait du Divin, et nous avons vu que l'agent de ce dressage est l'Ego réincarnant.

Par quel moyen ce but est-il atteint ?

Quand les Mânasapoutra descendent pour donner une âme à l'homme-animal, leur habitation matérielle n'a pas encore atteint son maximum de densité. Le Penseur, travaillant à travers cette matière, produit d'abord ce qu'on appelle des qualités psychiques pour les distinguer des intellectuelles ; l'esprit, à son premier contact avec la matière astrale, se traduit en psychisme, et ce n'est que graduellement qu'il devient intellectuel, c'est-à-dire : logique, raisonnant, délibérant, — grâce au contact prolongé avec la matière du type plus dense. D'abord intuitif, clairvoyant, il communique avec ses prochains par le transfert de la pensée ; ayant à travailler avec des matériaux plus denses et à faire vibrer des particules plus lourdes, l'intuition est transformée en raisonnement et le transfert des pensées en langage. On imaginera bien ce processus si l'on considère les vibrations, engendrées dans la matière la moins dense, se traduisant comme qualités psychiques, celles de la matière plus dense, comme qualités rationnelles.

Les qualités *psychiques* sont des facultés plus promptes, plus subtiles, plus directes, comprenant la clairvoyance la clairaudience, les formes inférieures de l'intuition, le pouvoir de transmettre et de recevoir les impressions des pensées, sans paroles. Les qualités rationnelles sont plus lentes et comprennent tous les phénomènes du cerveau-esprit, leur caractéristique étant le raisonnement délibéré, la formation d'une chaîne logique, chaînon par chaînon, et, comme condition nécessaire de ce travail mental, l'élaboration du langage. Quand ce processus a été perfectionné et quand le cerveau a atteint son plus haut degré d'entendement, lorsqu'il peut répondre promptement aux impulsions astrales à mesure qu'elles l'atteignent, et les traduisent de suite en leurs analogues intellectuels, il n'y a plus qu'un grand pas à franchir pour que le cerveau réponde directement aux vibrations plus subtiles et qu'il les prenne directement dans la conscience cérébrale, sans le processus retardataire de la traduction. Alors, l'exercice des facultés psychiques fait partie de la conscience de l'homme en développement, et celles-ci sont employées normalement sans effort ni peine ; l'esprit-cerveau et la nature psychique sont unis, et tous les pouvoirs psychiques peuvent s'ajouter à l'expérience intellectuelle.

L'obscurcissement temporaire, dû à l'accroissement de la matière la plus dense autour de l'homme en développement, diminue graduellement à mesure que la matière devient malléable et translucide ; c'est ainsi que la matière grossière est « rachetée », c'est-à-dire devient un véhicule parfait pour la manifestation de l'esprit. « La civilisation a toujours développé le physique et l'intellectuel au détriment du psychique et du spirituel [17] », et cependant sans ce développement l'homme-animal ne peut pas devenir divin, « l'être septénaire » parfait. Son évolution est le but de la réincarnation.

Dans notre propre race aryenne, nous sommes sur l'arc ascendant ; l'intellectualité pure et simple est en train d'atteindre ses plus hautes possibilités, et de tous côtés apparaissent des signes d'activité psychique, qui, lorsqu'elles sont développées au delà et non en deçà de l'intellect, sont les marques du triomphe initial de l'Homme spirituel. Chez quelques hommes de notre race, ce triomphe a été consommé, et ce sont eux que l'on appelle des Arhats, des Mahatmas et des Maîtres. Chez eux, le corps est le simple véhicule de l'Homme spirituel, qui n'est plus enfermé, ni limité par ce corps qu'il habite, mais pour qui le corps est l'instrument nécessaire pour travailler sur le plan physique, répondant avec obéissance à chaque impulsion de son possesseur et plaçant à sa disposition des pouvoirs et des facultés pour entrer en rapport avec le monde grossier, ce qui serait impossible pour un Être purement spirituel. Un Esprit peut être actif sur le plan spirituel, mais il est dépourvu de sens sur tous les autres et incapable d'agir par son essence subtile sur des plans de matière grossière. Qu'une Intelligence spirituelle soit active sur les plans spirituel et mental, elle est cependant trop subtile pour opérer sur les plans grossiers. Seulement, à mesure que par l'incarnation elle conquiert la matière, à l'aide de laquelle elle peut devenir active sur tous les plans, l'« Être septénaire arrive à l'état parfait ». Telle est la signification de l'état d'Arhat ; l'Arhat est l'Intelligence spirituelle qui a conquis, soumis et dressé la matière, jusqu'à ce que le corps devienne l'expression matérialisée de lui-même, et il est prêt pour franchir le pas qui va faire de lui un « Maître » ou « Christ triomphant ».

Naturellement, dans un tel Être septénaire parfait sont rassemblées toutes les forces de l'Univers, spirituel, psychique et matériel. De même que le corps vivant de l'homme contient en miniature les forces qu'on trouve dans l'univers physique, de même, à mesure que (dans l'homme) les natures psychique et spirituelle

---

[17] *Doctrine Secrète*, III, 395.

font sentir leurs impulsions, les forces des univers psychique et spirituel peuvent être amenées à agir sur l'univers physique. D'où les « miracles » apparents, la production d'effets dont les causes sont cachées, mais qui n'en existent pas moins. Ainsi, la fermeture d'un circuit peut provoquer une explosion à plusieurs lieues du point de contact ; l'action d'une volonté entraînée peut également se manifester en phénomènes matériels sur un plan très inférieur au sien. C'est l'ignorance de l'homme qui crée le surnaturel ; le savoir ramène tout au naturel ; car la Nature n'est qu'un aspect du Tout, cet aspect qui, en ce temps même, est en manifestation.

On pourrait poser la question suivante : « Ce but étant atteint, que se passe-t-il ensuite ? » A ce point, plusieurs sentiers se présentent devant l'Homme spirituel triomphant. Il a touché le sommet qu'il est possible d'atteindre dans ce monde ; pour accomplir des progrès ultérieurs, il doit passer dans d'autres sphères d'existence ; Nirvana est ouvert devant lui, la plénitude du savoir spirituel, la Vision béatifique dont les chrétiens ont chuchoté, la Paix qui dépasse l'entendement. Un sentier, le sentier de la renonciation, l'acceptation volontaire de la vie sur terre pour l'amour de la race, tel est le sentier dont Kwanyin a dit, en s'y engageant résolument :

« Jamais je ne chercherai, ni n'accepterai le salut individuel, particulier : jamais je n'entrerai seul dans la paix finale ; mais toujours et partout je vivrai et je lutterai pour la rédemption universelle de chaque créature dans le monde [18]. »

La nature et le but de ce choix sont exposés dans le *Livre des Préceptes d'or*, dont H. P. Blavatsky a donné des fragments dans son petit livre *La Voix du Silence*. Le conquérant se tient debout triomphant :

« Son esprit, à l'instar d'un océan calme et sans limites, s'étend dans l'espace infini. Il tient la vie et la mort dans sa main puissante. »

Ensuite se pose la question suivante :

« Maintenant, il va sûrement atteindre sa grande récompense ! Va-t-il employer pour son propre repos et sa béatitude les dons qu'elle lui confère, cette richesse et cette gloire qu'il a si bien gagnées, lui, le victorieux de la grande Illusion ? »

La réponse retentit clairement :

« Non, candidat au savoir caché de la Nature ! Si l'on veut suivre les traces du saint Tathâgata, ces dons et pouvoirs ne sont pas pour toi… Sache que le courant

---

[18] Cité dans : *Sacred Anthology*, de Moncure O'Conway, p. 233.

de connaissance surhumaine et de sagesse déva que tu as gagné, doit, de toi-même, canal d'Alaya, être versé dans un autre lit... Sache, ô Nardjol du Sentier secret, que ses eaux pures et fraîches doivent être employées à rendre plus douces les vagues amères de l'Océan — cette puissante mer de douleur formée des larmes des hommes... Volontairement condamné à vivre à travers les Kalpas [19] futurs sans être remercié ni perçu par l'homme; immobilisé comme une pierre parmi les autres pierres innombrables qui forment le Mur Gardien, tel est ton avenir, si tu passes la septième porte. Bâti par les mains des nombreux Maîtres de compassion, élevé par leurs tortures, cimenté par leur sang, il abrite le genre humain depuis que l'homme est l'homme et le protège contre une misère plus grande et de plus profondes douleurs...

« La Compassion parle et dit :

« Peut-il y avoir de la béatitude quand tout ce qui vit doit souffrir ? Pourras-tu, étant sauvé, entendre gémir le monde entier ?... Tu sais maintenant ce qui a été dit. Tu n'atteindras le septième pas et tu ne franchiras la porte de la connaissance finale que pour te fiancer à la douleur, — si tu veux être Tatâghata, suivre les pas de tes prédécesseurs, rester éternellement sans égoïsme. »

« Maintenant que tu es éclairé choisis ta route. »

Le choix qui consiste à accepter l'incarnation jusqu'à ce que la race ait atteint sa consommation, constitue la couronne du Maître, de l'Homme parfait. Sa sagesse, ses pouvoirs, sont tous jetés aux pieds de l'Humanité, pour la servir, la secourir, la guider sur le sentier sur lequel lui-même a marché. Tel est donc le terme final de la réincarnation, pour ceux dont les âmes fortes peuvent accomplir la GRANDE RENONCIATION ; ils deviennent les Sauveurs du monde, la bénédiction à la gloire de leur race. La réincarnation édifie l'être septénaire parfait, et son triomphe individuel contribue à la rédemption de l'Humanité tout entière.

---

[19] *Kalpas* = Cycles des âges.

7. LES CAUSES DE LA RÉINCARNATION

La cause fondamentale de la réincarnation, comme de toute manifestation, est le désir d'une vie active, la soif d'une existence consciente. Une certaine essence fondamentale de la nature, évidente par ses activités, mais incompréhensible quant à son origine et à sa cause, se manifeste comme « Loi de périodicité ». Des faits d'alternance, tels que ceux du Jour et de la Nuit, de la Vie et de la Mort, du Sommeil et de la Veille, sont si communs, si parfaitement universels et généraux, qu'il est aisé de comprendre que nous y voyons une Loi absolument fondamentale de l'univers[20]. » Partout à chaque pas se manifestent le flux et le reflux, le rythme qui est la systole et la diastole du cœur cosmique. Mais la raison de tout cela nous échappe ; nous ne pouvons pas dire pourquoi les choses doivent être ainsi ; nous pouvons seulement constater qu'elles sont ainsi. Et dans la philosophie ésotérique on reconnaît que cette loi s'étend jusqu'à l'émanation et à la réabsorption des Univers, à la nuit et au jour de Brahma, l'expir et l'inspir de la grande Vie (du grand Souffle).

C'est pourquoi les Hindous ont représenté le Dieu du Désir comme incitant à la manifestation. « Kama, dans le *Rig-Veda* (X, 129), est la personnification de ce sentiment qui conduit et pousse à la création. Il fut le *premier mouvement* qui poussa l'ÊTRE UNIQUE à créer après sa manifestation hors du Principe purement abstrait. »

« Le désir d'abord s'éleva en Lui qui était le germe primordial de l'Esprit ; et que les Sages avec leur intelligence curieuse ont considéré comme le lien qui unit l'entité à la non-entité[21]. »

Kama est, essentiellement, l'aspiration ardente vers une existence active consciente, existence de sensation vive, tumulte agité d'une vie passionnée. Quand l'Intelligence spirituelle ressent cette soif de sensation, sa première action est de l'intensifier.

La stance dit :

« *De leur propre essence, ils remplirent* (intensifièrent) *le Kâma*[22]. »

Le Kâma devient donc, pour l'individu comme pour le Cosmos, la cause pri-

---

[20] *Doctrine Secrète*, vol. I, p. 56.
[21] *Doctrine Secrète*, III, p. 217.
[22] *Doctrine Secrète*, vol. III, p. 199.

mordiale de la réincarnation, et, comme le Désir se différencie en désirs, ceux-ci rivent en bas le Penseur sur la terre et le ramènent périodiquement à la renaissance. Les Écritures hindoues et bouddhistes sont remplies des répétitions de cette vérité. C'est ainsi que nous lisons dans la *Bhagavad Gita* :

« L'homme dont l'esprit s'est dégagé de tous les liens, qui s'est vaincu soi-même et a chassé les désirs, arrive par ce renoncement à la suprême perfection de la libération du Karma [23]. »

Dans l'*Udânavarga*, version bouddhiste septentrionale du *Dhammapada*, traduit du tibétain, la même pensée est exprimée :

« Il est difficile, pour celui qui est maintenu par les fers du désir, de se libérer d'eux, dit le Béni. Les énergiques qui ne se soucient pas de la satisfaction de leurs désirs, les rejettent et bientôt s'en vont (au Nirvâna).

« Encore à la recherche d'une nouvelle existence, ils entrent dans un nouveau moule ; les êtres viennent et s'en vont ; à une existence en succède une autre. Il est difficile de quitter (l'existence dans) ce monde ; celui qui a rejeté la convoitise, celui qui a arraché la graine (de l'existence), ne sera plus sujet à la transmigration, parce qu'il a mis une fin à sa convoitise [24]. »

Dans les Écritures de l'Église Bouddhiste du Sud, la même idée est continuellement reprise avec insistance. Le disciple est prié de ne pas être confiant jusqu'à ce qu'il eût atteint l'extinction des désirs » et, après avoir décrit la manière dont les désirs et les passions lient l'homme à la vie terrestre, le *Dhammapada* continue :

« Celui qui a atteint la consommation, qui ne tremble pas, qui est sans soif et sans péché, celui-là a brisé toutes les épines de la vie : il a revêtu son dernier corps. Celui qui est sans soif, sans affection, qui comprend les mots et leur interprétation, qui connaît l'ordre des lettres (celles qui sont avant et qui sont après), celui-là en est à sa dernière incarnation, il est appelé le Grand Sage, le grand homme. « J'ai conquis tout, je connais tout, dans toutes les conditions de vie je reste libre de souillure ; j'ai tout quitté et par la destruction de la soif je suis libre [25]. »

On y trouve aussi l'apostrophe triomphante que lance Gautama lorsqu'il a atteint l'état de Bouddha :

« Cherchant le créateur de ce tabernacle, je traverserai une série nombreuse de naissances, tant que je ne l'aurai pas trouvé. Pénibles sont ces renaissances suc-

---

[23] Discours XVIII, p. 49, trad. Burnouf.
[24] Traduct. par W. W. Rockhill.
[25] Chapitre XXIV.

cessives. Mais à présent, je t'ai vu, créateur du tabernacle, et tu ne le reconstruiras plus. Tous tes chevrons sont rompus, ton faîtage est brisé ; l'esprit, s'approchant de l'Éternel, a atteint l'extinction de tous les désirs [26]. »

Quand la nature du désir sera comprise par l'étudiant, il verra pourquoi sa destruction est nécessaire pour que l'Homme spirituel atteigne la perfection. Le désir doit exister jusqu'à ce que la moisson de l'expérience soit récoltée, car ce n'est qu'en l'alimentant que cette expérience récoltée peut grandir, être nourrie et soutenue. Ainsi tant que l'expérience offre encore des lacunes, la soif reste inassouvie et l'Ego retournera à la terre plusieurs fois encore. Mais ses chaînes doivent tomber une par une, à mesure que l'Ego atteint le perfectionnement de son tabernacle, car *le désir est personnel et par suite égoïste*, et quand le désir stimule l'action, la pureté de l'action est souillée. La condition de l'état d'Arhat est une activité incessante sans aucun bénéfice personnel ; l'Arhat doit « donner la lumière à tous, mais ne la prendre à personne [27]. »

Il s'ensuit qu'au cours de l'ascension les désirs doivent être abandonnés les uns après les autres : désir de jouissance, de plaisir, de gain, amours, buts personnels, et, le dernier et le plus subtil de tous, — le désir de son propre perfectionnement, — car la personnalité doit se fondre dans l'Ame suprême, qui est l'âme de tout ce qui respire.

Ici, pour éviter une interprétation erronée, deux avertissements sont nécessaires.

Premièrement : les affections personnelles ne doivent pas être supprimées, mais étendues jusqu'à devenir universelles ; nous ne devons pas aimer *moins* ce qui nous est le plus cher, mais *tout* doit nous devenir cher, de sorte que la douleur d'un enfant quelconque devra déchirer notre cœur autant que celle de notre propre enfant, et nous devrons déployer la même activité, pour le secourir. Le niveau des affections doit être élevé et non abaissé. Le cœur ne doit pas être glacé, mais enflammé pour tous. La non-réalisation de cette idée et l'énorme difficulté de la tâche ont conduit à l'étouffement de l'amour et non à son épanouissement. C'est par l'amour débordant, et non par l'insensibilité, que le monde sera sauvé. Le Mahâtma est un océan de compassion. Il n'est pas une montagne de glace.

Il est facile de comprendre pourquoi cette charité universelle est nécessaire pour devenir un Maître : le Maître, en effet, a la puissance pour le bien général et non pour l'élévation d'une famille ou d'une nation particulières. Il est le serviteur de l'Humanité, et il doit être guidé dans l'exercice de sa charité non par

---

[26] Chap. XI.
[27] *Voix du silence*, p. 88.

la parenté, mais par le besoin qu'a son prochain d'être secouru. A ses pouvoirs surhumains, il doit absolument joindre une impartialité surhumaine et l'affection personnelle ne doit jamais peser sur le plateau de la justice. Plus que tous les hommes, il doit être l'esclave du devoir, car tout écart en dehors de cette voie amènerait des résultats proportionnels à la grandeur de son élévation. Il doit être une force du bien, et le bien doit s'écouler vers ceux qui en ont le plus besoin, non vers ceux que des affections personnelles ou des prédilections de races pourraient lui faire préférer. De là l'entraînement prolongé, l'ascétisme personnel, l'isolement, qui sont les conditions de l'état de *chéla*.

Deuxièmement : L'action ne doit pas être supprimée parce que le disciple n'en attend plus de profit. « Omettre un acte de pitié, c'est commettre un péché mortel[28]. »

« T'abstiendras-tu d'agir ? Ce n'est pas ainsi que ton âme obtiendra sa liberté. Pour parvenir au Nirvâna, on doit atteindre la Connaissance, et c'est d'actes aimables que la Connaissance est fille. » Mais, tandis que l'action doit être poursuivie avec le plein effort des pouvoirs humains, le désir des récompenses, provenant de la satisfaction personnelle, doit disparaître. Une bonne action doit être accomplie pour le secours qu'elle apporte à autrui, pour le bien qu'elle lui procure, non en vue des louanges qui vous sont prodiguées par les autres, ou que l'on se fait à soi-même, pas même en vue de la tendance plus délicate à se perfectionner. C'est pour n'avoir pas fait de distinction entre l'action et l'espoir des fruits qu'elle procure, que les nations orientales sont restées stagnantes et passives, depuis que l'égoïsme spirituel et l'indifférence ont amené leur décadence.

Ce désir général d'une existence consciente est la cause universelle de la réincarnation. Le désir ardent de goûter à nouveau l'existence sur le plan physique est aussi la cause de chaque réincarnation individuelle. Après une longue vie sur le plan terrestre, une réserve d'expériences a été constituée ; ce désir de l'existence est rassasié pour un temps et le besoin de repos se fait sentir. Alors vient l'intervalle de la désincarnation, durant lequel l'Ego, rentrant pour ainsi dire en lui-même, cesse d'émettre l'énergie vers l'extérieur, sur le plan physique, et plie toutes ses énergies vers les activités intérieures, passant en revue sa réserve d'expériences, moisson de la vie terrestre qu'il vient de terminer.

Il sépare et classe les expériences, assimilant ce qui est capable d'être assimilé et rejetant ce qui est stérile et inutile. C'est le travail de la période dévakhanique, temps nécessaire pour l'assimilation et pour l'acquisition de l'équilibre. De même qu'un ouvrier, après être sorti pour chercher les matériaux nécessaires à

---

[28] *La Voix du Silence.*

son travail, et après les avoir rassemblés, retournerait à sa maison, les trierait et les arrangerait, puis en ferait quelque objet artistique ou utile; de même, le Penseur, ayant amassé sa réserve de matériaux dans les expériences de la vie, doit les employer dans le tissu de son existence millénaire. Il lui est aussi impossible d'être toujours entraîné dans le tourbillon de la vie terrestre, que l'ouvrier ne peut toujours être occupé à amasser des réserves de matériaux, sans en jamais rien faire; un homme ne peut constamment prendre et manger de la nourriture sans jamais la digérer ni l'assimiler, pour en édifier les tissus de son corps.

Pour ces raisons, le repos entre les périodes d'activité, repos indispensable à toutes les formes d'existence, fait du Dévakhan une absolue nécessité, et rend blâmable l'impatience avec laquelle des Théosophes peu instruits témoignent avec irritation contre l'idée de « perdre ainsi du temps ». Le repos lui-même est une chose — qu'on s'en souvienne — dont nous ne pouvons nous passer. « Le Manou (Ego pensant), fatigué et épuisé », en a besoin, et c'est seulement « l'Ego reposé [29] » qui est prêt et apte à la réincarnation.

Nous n'avons pas l'énergie nécessaire pour reprendre le poids de la chair avant que cette période de rafraîchissement ait permis aux forces de la vie mentale et spirituelle de se concentrer, une fois de plus, dans l'homme spirituel. Ce n'est qu'à l'approche de la clôture du cycle des renaissances, que l'Ego, devenu fort par ses milliers d'années d'expérience, est capable de renouveler fréquemment l'effort de ses dernières vies « sans interruption dévakhanique », escaladant ces sept dernières marches de l'échelle de l'existence avec des muscles infatigables, durcis par la longue ascension antérieure.

Un genre de progrès — indépendamment du processus indispensable de l'assimilation, dont on vient justement de parler et qui est une condition de progrès ultérieur, — pourrait être fait en Dévakhan. H. P. Blavasky écrit dans *La Clef de la Théosophie* :

« Dans un sens, nous pouvons acquérir plus de savoir; nous pouvons, en effet, continuer à développer les facultés que nous préférions et que nous nous efforcions d'acquérir durant la vie, pourvu qu'elles s'appliquent à des choses abstraites et idéales, telles que la musique, la peinture, la poésie, etc., puisque le Dévakhan est simplement une continuation idéalisée et subjective de la vie terrestre. »

Ceci pourrait expliquer les génies merveilleux de certains enfants, que l'on a vus parfois, notamment en musique, et qui dépassent de beaucoup toutes les connaissances acquises antérieurement, dans l'histoire de cet art, dans la race aryenne. Quoi qu'il en soit, il est bon de se rappeler que la recherche prolon-

---

[29] *La Clef de la Théosophie.*

gée de pensées abstraites, d'aspirations idéales, donne une direction à l'existence dévakhanique qui en fera un état de progrès actif autant que passif. Bien que le Dévakhan soit essentiellement le monde des effets, il tient cependant, jusqu'à ce point, du monde des causes; il est vrai néanmoins que l'impulsion, qui fera tourner encore la roue le long de la route paisible, doit être donnée ici, sur le plan physique.

En Dévakhan, il n'y a pas de commencement de causes, pas de production originelle d'efforts, il n'y a que la continuation des efforts dirigés vers les plans suprêmes d'existence que l'homme puisse atteindre dans la vie terrestre. Les raisons de cette possibilité, il est facile de les comprendre; en effet, les hauteurs idéales sont illuminées par la radiation manasique, et celle-ci ne s'obscurcit pas, mais devient plus lumineuse, quand le Manas-Taijasi (le lumineux ou resplendissant Manas) s'élève librement sur son propre plan.

Une question intéressante surgit alors: quand la période de repos est passée, les forces qui ont arraché l'Ego à la vie terrestre sont épuisées; le désir de l'existence physique sensible renaît, et l'Ego est prêt à franchir «le seuil du Dévakhan» et subir la réincarnation. Qu'est-ce qui va le guider vers la race, la nation, la famille particulières, qui doivent lui fournir à ce moment son nouveau tabernacle de chair, et qu'est-ce qui déterminera le sexe auquel il doit appartenir? Est-ce l'affinité? Est-ce un libre choix? Est-ce la nécessité? Il n'est pas de questions plus fréquemment posées.

C'est la loi du Karma qui le dirige sans erreur vers la race et la nation où doivent être trouvées les caractéristiques générales qui vont produire un corps, et lui fournir un entourage social convenant à la manifestation de l'ensemble des propriétés acquises par l'Ego en des vies précédentes, et favorable à la récolte de la moisson qu'il avait semée.

«Karma avec son armée de Skandhas se tient au seuil du Dévakhan, d'où l'Ego émerge de nouveau pour assumer une réincarnation. C'est à ce moment que la destinée future de l'Ego, qui vient de se reposer, fait osciller les plateaux de la balance de la juste rétribution, et qu'elle retombe alors sous la domination de la loi karmique active. C'est dans cette renaissance qui s'apprête, renaissance choisie et préparée par la Loi mystérieuse, inexorable, mais infaillible dans l'équité et la sagesse de ses décrets, c'est dans cette renaissance que les péchés de la vie précédente sont punis. Seulement, ce n'est pas dans un enfer imaginaire, avec des flammes théâtrales et des diables ridiculement pourvus d'une queue et de cornes, que l'Ego est jeté, mais en vérité sur cette terre, plan et région où il a commis ses péchés, et où il aura à subir l'expiation de chaque mauvaise pensée, de chaque mauvaise action. Il ne récoltera que ce qu'il a semé. La réincarnation assemblera autour de lui tous les autres Egos qui auront souffert, soit directement, soit indirectement, par sa faute ou même par l'intermédiaire inconscient de sa personnalité passée. Ils seront poussés par Nemesis sur la route du nouvel homme qui cache l'ancien et éternel Ego… La nouvelle personnalité n'est pas meilleure, pas plus qu'un nouveau vêtement avec ses caractères spécifiques, couleur, forme et qualités ; mais l'homme réel qui le porte est le même coupable d'autrefois [30]. »

Ainsi, une nation, parvenue à une période militante de son histoire, exercerait une attraction sur l'Ego prêt à se réincarner qui aurait eu une existence antérieure militante ; l'Ego d'un Romain à caractère colonisant et combatif serait attiré par exemple, vers la nation anglaise sous le règne d'Élisabeth, car dans cette nation et à cette époque l'hérédité physique pourrait lui fournir un corps, et les forces sociales, un entourage, favorables à la manifestation d'un caractère édifié quinze cents ans auparavant.

Une autre flèche dans le carquois du Karma, une des plus fortes, est la tendance dominante et la direction de la dernière vie. Les tendances dominantes et la poursuite résolue d'une ligne de pensées et d'actions réapparaissent sous forme de qualités innées. Un homme doué d'une forte volonté, qui avec constance s'est appliqué à acquérir des richesses, qui a poursuivi cette résolution sans relâche et sans scrupules pendant sa vie, sera probablement dans l'incarnation suivante un de ces hommes qui sont proverbialement « chanceux », de ceux dont on dit que « toute chose qu'ils touchent devient de l'or ». De là l'énorme importance du choix de notre idéal, de la sélection de notre but dans la vie, car l'idéal et le but d'une vie deviennent les réalités de la vie suivante. S'ils sont égoïstes, bas, matériels, notre prochaine incarnation nous mettra dans un entourage dans lequel ils se trouveront à notre portée. De même qu'une volonté de fer peut violenter ici la fortune, de même elle peut, par-dessus les abîmes de la mort et de la renaissance, jeter son filet à mailles d'acier et atteindre le but qu'elle s'était proposé ; elle ne perd pas sa tension et sa force pendant l'entre-acte dévakhanique, mais, au contraire, recueille toutes ses énergies et agit dans une matière plus subtile, de sorte que l'Ego, à son retour, trouve tout préparé pour lui un tabernacle construit par ce désir fort et passionné, et adapté, à l'accomplissement de cette fin prévue. L'homme ne récolte que ce qu'il a semé ; il est le maître de sa destinée, et s'il veut agir en vue du succès temporaire, de l'opulence matérielle, personne ne peut l'en empêcher. Seulement, par expérience il apprendra que la puissance, la richesse et le luxe sont des fruits d'amertume ; qu'avec eux le corps peut se trouver vêtu, mais que l'Ego sera frissonnant et nu ; que son véritable Moi ne

---

[30] *La Clef de la Théosophie*, pp. 197-198.

sera pas satisfait avec les cosses qui sont une nourriture ne convenant qu'à des porcs. Enfin, quand il aura nourri à satiété l'animal qui est en lui et qu»il aura affamé l'homme, alors —bien que se trouvant dans la contrée lointaine où ses pas obstinés l'avaient conduit— il tournera ses regards émus vers sa patrie véritable, et pendant de nombreuses vies il luttera pour l'atteindre, avec toute la force employée autrefois pour avoir la puissance, cette force lui étant maintenant soumise. Et l'homme fort, qui avait employé sa force à maîtriser les autres, l'utilisera à maîtriser son Soi et à y faire régner la Loi de l'Amour.

A cette question : « Qu'est-ce qui détermine le sexe ? » il est difficile de répondre, même par une hypothèse, et aucune règle définie n'a été émise sur ce point. L'Ego lui-même n'a pas de sexe, et chaque Ego, au cours de myriades de réincarnations, habite aussi bien des corps masculins que des corps féminins. Comme le progrès de l'humanité vers la perfection est le but de la réincarnation, et que dans cette humanité parfaite les éléments positifs et négatifs doivent trouver leur équilibre complet, il est aisé de voir que l'Ego doit, par l'expérience, développer au plus haut degré ses caractéristiques dans des corps physiques appropriés et que, par suite, une alternance de sexes est nécessaire. Il faut noter également, à titre d'observation, que dans l'état actuel du progrès humain une avance dans le processus synthétisant a été accomplie et que nous rencontrons de nobles caractères dans les deux sexes possédant les qualités antérieurement développées dans l'autre, de sorte que la force, la fermeté, le courage, acquis surtout par le sexe mâle, sont associés à la tendresse, la pureté, l'endurance que l'on rencontre plus souvent dans le sexe féminin. Nous avons ainsi un aperçu de ce que sera l'humanité quand les « couples opposés » d'êtres distincts, divorcés en vue de l'évolution, seront une fois encore unis pour fructifier. En attendant, il semble probable que l'expérience due à chaque sexe redresse constamment la balance du processus évolutionnaire et fournit les qualités manquant pour un état donné. La conséquence karmique du tort qui aura été fait au sexe opposé, attirera dans ce sexe les Egos du sexe malfaisant et leur fera supporter dans le sexe maltraité les effets de causes qu'ils auront engendrées.

Ainsi, le Karma trace la ligne qui forme le sentier de l'Ego vers la nouvelle incarnation, ce Karma étant formé par la collectivité des causes provoquées par l'Ego lui-même. Toutefois, en étudiant ce jeu de forces karmiques, il faut tenir compte de l'empressement avec lequel l'Ego, grâce à sa vision plus clairvoyante, se tient prêt à accepter des conditions de vie bien différentes de celles que sa personnalité aurait été disposée à choisir pour elle-même. La discipline de l'expérience n'est pas toujours agréable, et, dans les expériences terrestres, il doit en exister beaucoup qui, aux yeux peu clairvoyants de la personnalité, paraissent inutiles, pénibles, injustes et vaines. L'Ego, avant de plonger dans le «Léthé du corps», aperçoit les causes qui interviennent en dernier ressort dans les conditions de la réincarnation future, et les opportunités d'accroissement qui s'y trouveront. Il est aisé de concevoir combien, à cette vue pénétrante, à ce regard perspicace pèseront légèrement dans la balance tous les chagrins et toutes les peines passagères, combien futiles lui paraîtront les joies et les douleurs de la terre. Car qu'est-ce qu'une vie, sinon un pas dans le «Progrès perpétuel pour chaque Ego, ou chaque âme divine, qui s'incarne; c'est l'évolution de l'extérieur vers l'intérieur, du matériel vers le spirituel, qui, à la fin de chaque phase, atteint à l'Unité absolue avec le Principe divin. De force en force, de la beauté et de la perfection d'un plan à la plus grande beauté et à la perfection plus grande d'un autre plan, avec accroissement de gloire et de connaissances nouvelles, ainsi que de pouvoirs nouveaux dans chaque cycle, telle est la destinée de chaque Ego [31]. »

Avec une telle destinée, qu'importe la souffrance passagère et momentanée, ou même l'angoisse d'une vie misérable ?

---

[31] *La Clef de la Théosophie*, p. 217.

8. LES PREUVES DE LA RÉINCARNATION

Les preuves de la réincarnation n'atteignent pas le degré d'une démonstration complète et générale, mais elles établissent une forte présomption en faveur de son existence, étant donnée la nature de ce phénomène. La théorie qu'elles soutiennent, fournit la seule explication suffisante de la croissance et de la décadence des nations, des faits de l'évolution individuelle, des capacités variées de l'homme, des cycles récurrents de l'histoire, des caractères humains individuels. Quoique l'existence de la réincarnation me paraisse un fait absolument certain, je me contente de la présenter ici comme une hypothèse rationnelle plutôt que comme un théorème démontré; car j'écris pour ceux qui cherchent l'évidence dans les faits de la vie et de l'histoire humaines; pour ceux-ci, elle ne peut pas, au premier abord, dépasser le rang d'une hypothèse raisonnable. Ceux qui savent qu'elle est vraie n'ont pas besoin de ma démonstration.

1° Il y a quelques personnes vivantes, il y en à même quelques-unes qui ne vivent pas actuellement de la vie terrestre, qui se rappellent leurs propres incarnations passées et peuvent se souvenir des incidents de ce passé aussi bien que de ceux de leur vie présente. La mémoire —qui est le trait d'union entre les stades variés de l'expérience de l'être conscient et qui porte avec elle le sens de l'individualité et de la personnalité— s'étend pour eux par-dessus les seuils des naissances et des morts passées, et les nuits de la mort n'interrompent pas plus la chaîne de la mémoire que ne le font les nuits qui séparent les jours de notre vie ordinaire. Les circonstances de leurs vies passées sont aussi réellement connues de leur Soi vivant que si elles avaient eu lieu peu d'années auparavant, et prétendre qu'ils n'ont pas vécu ces circonstances, leur paraîtrait une assertion aussi folle que si vous souteniez que des événements, par lesquels ils ont passé il y a dix ans, fussent arrivés à quelqu'un d'autre et non à eux-mêmes. Ils ne discuteraient pas avec vous cette question, ils hausseraient seulement, et à juste titre, leurs épaules et laisseraient tomber la conversation, car vous ne pouvez pas, par la discussion, supprimer de la Soi-conscience l'expérience personnelle d'un homme.

D'autre part, le témoignage d'un homme, à propos de faits où sa connaissance personnelle ne peut démontrer la réalité de ces faits à une seconde personne, constitue une évidence qui n'est pas une preuve concluante pour personne, excepté pour l'expérimentateur lui-même. La valeur de ce qui donne la certitude absolue de l'existence de la réincarnation pour la personne dont la mémoire témoigne de son propre passé, dépend pour l'auditeur de l'opinion que celui-ci a de l'intégrité intellectuelle et morale de son interlocuteur.

Si c'est une personne d'une intelligence et d'une moralité non pas seulement moyennes dans les affaires de la vie journalière, mais au contraire d'une force intellectuelle supérieure, d'une pureté morale, d'une véracité et d'une précision élevées, — dans ces conditions, l'affirmation réfléchie qu'elle se souvient des incidents de sa propre vie, antérieure, par exemple, de quelques centaines d'années, et le récit des incidents avec des détails, concernant leur entourage local, auront un poids considérable pour ceux qui connaissent l'intégrité et l'intelligence de cette personne ; c'est une évidence de seconde main, mais valable dans son genre.

2° Le végétal, l'animal, l'homme, tous témoignent de l'activité de la « Loi de l'hérédité », de la tendance qu'ont les parents de transmettre à leurs descendants les particularités de leur propre organisation. Le chêne, le chien, l'homme sont reconnaissables, avec des divergences superficielles, dans le monde entier. Tous naissent et s'accroissent selon des modes bien définis ; chacun procède de deux cellules, mâle et femelle, se développant avec les caractéristiques des parents. Le descendant reproduit les marques spécifiques de ceux-ci, et, malgré les différences si marquées que l'on trouve dans les familles, nous reconnaissons cependant les particularités qui leur sont communes. Nous groupons sous le nom de « chien » le Saint-Bernard et le petit terrier, le chien de chasse et le lévrier, de même que nous réunissons sous le nom d'« homme » le Veddah et l'Anglais, le Nègre et le Râjput. Mais lorsque nous commençons à considérer les capacités intellectuelles et morales, par exemple, dans les variétés des chiens et des hommes, nous sommes frappés par une différence significative. Chez les chiens celles-ci varient entre des limites relativement étroites ; le chien peut être intelligent ou stupide, vicieux ou doux, mais la différence entre un chien intelligent ou stupide est relativement petite. Chez l'homme, au contraire, combien grande est la distance qui sépare le plus vil du plus noble, que ce soit intellectuellement ou moralement : une certaine race peut seulement compter : « un, deux, trois, etc. », tandis que les fils d'une autre race savent calculer des distances qui doivent être comptées en années de lumière ; une race considère comme une vertu filiale le meurtre des parents, ou regarde la trahison comme une action honnête, tandis qu'une autre race donne à l'humanité un François Xavier, un Howard, un Lloyd Garrison. Dans l'homme, et dans l'homme seulement, parmi toutes les espèces qui peuplent la terre, nous trouvons une telle unité physique et une divergence morale aussi considérable. J'admets l'hérédité physique pour explication du premier fait, mais j'ai besoin d'un facteur nouveau, inexistant dans la brute, pour expliquer le second. La réincarnation avec son Ego, intellectuel et moral, persistant, acquérant des connaissances par l'expérience, se développant pendant des milliers d'années, offre un argument suffisant ; elle explique aussi pourquoi l'homme progresse, tandis que les animaux restent stationnaires au point de vue mental et moral, à moins qu'ils ne soient élevés artificiellement et dressés par l'homme. D'après les documents les plus anciens, les animaux sauvages ont vécu comme ils vivent maintenant, les bêtes de prairies, les troupeaux de buffles, les tribus de singes, les communautés de fourmis, vivent et meurent, génération après génération, répétant les habitudes des parents, glissant le long de sillons ancestraux, leur vie sociale n'évoluant nullement dans le sens du progrès.

Ils ont l'hérédité physique comme l'homme, mais l'hérédité physique ne leur donne pas — parce que cela leur est impossible — l'expérience accumulée qui rend l'Ego humain permanent, capable de monter toujours plus haut, édifiant de grandes civilisations, amassant la connaissance, s'élevant toujours, de sorte qu'on ne peut fixer une limite au delà de laquelle l'Humanité ne puisse parvenir. C'est cet élément permanent, faisant défaut dans l'animal et présent dans l'homme, qui explique pourquoi l'animal est relativement stationnaire et l'homme progressif. Pour l'expérience recueillie par l'animal il n'y a point de magasin de réserve individuel ; mais l'homme, concentrant la quintessence de son expérience dans l'Ego immortel, recommence une vie avec cette réserve emmagasinée, et a ainsi la possibilité d'une croissance individuelle continue.

D'ailleurs, comment l'expérience intellectuelle pourrait-elle être transmise, sinon par la soi-conscience ? Les habitudes physiques, qui modifient l'organisme, peuvent être transmises physiquement ; par exemple l'habitude de trotter, chez le cheval, celle de se mettre en arrêt, chez le chien, etc. ; ces faits sont bien connus chez les animaux et chez les hommes. On connaît bien aussi la stagnation morale et intellectuelle de l'animal, en comparaison de l'aptitude au progrès de l'homme. Un autre fait, digne d'être noté, c'est que nulle influence extérieure ne peut imprégner les cerveaux des races humaines inférieures avec les conceptions morales élémentaires que les cerveaux des races plus avancées assimilent presque immédiatement, dès qu'elles en ont connaissance. Quelque chose de plus que l'appareil cérébral est nécessaire pour une perception morale ou intellectuelle, et aucune éducation ne peut, tout au plus, rendre délicat cet appareil, mais l'impulsion de l'Ego est nécessaire pour que l'appareil puisse répondre à l'excitation extérieure. Le fait suivant n'est pas un argument contraire à cette vérité : un enfant européen exclu de toute société humaine, est devenu, à sa libération, brutal et presque dénué de tout sentiment humain. En effet, l'organisme physique a besoin de l'influence normale du monde physique s'il doit fonctionner sur le plan physique ; or, s'il est désorganisé par un traitement anormal, il ne peut pas plus répondre à une inspiration quelconque de l'Ego, qu'un piano abandonné à l'humidité et à la rouille ne peut donner des notes mélodieuses avec ses cordes endommagées.

3° Dans le cadre d'une famille, il existe certaines particularités héréditaires qui réapparaissent constamment, et un certain « air de famille » se trouve chez chacun de ses membres.

Ces ressemblances physiques sont incontestables et sont considérées comme des évidences de la loi de l'hérédité. Jusque-là, c'est bien. Mais alors, quelle loi peut expliquer la divergence surprenante, en capacité mentale et en caractère moral, que l'on trouve dans les limites étroites du cercle d'une seule famille, parmi les enfants nés de mêmes parents ? dans une famille composée de membres tranquilles, aimant leur intérieur, établie dans le même endroit depuis des générations, naît un garçon à l'esprit sauvage et vagabond, que nulle discipline ne peut dompter, qu'aucun appât ne peut retenir. Comment un tel caractère peut-il se rencontrer dans un tel milieu, si sa nature morale et mentale ne tire son origine de sources ancestrales ? D'où vient « la brebis galeuse » qui, née dans une famille pure et noble, brise les cœurs qui l'aiment et déshonore un nom sans tache ? D'où vient la fleur blanche de sainteté qui déploie sa beauté radieuse au milieu d'un entourage familial, grossier et sordide ; qu'est-ce qui a fait tomber la semence de cette plante exquise dans un sol si repoussant ? La réincarnation donne la clef de tous ces faits plaçant dans l'Ego immortel (et non dans le corps physique né des parents) les qualités mentales et morales. On trouve une grande ressemblance physique entre des frères dont les caractères moral et mental sont comme les pôles opposés. L'hérédité peut expliquer les autres[32]. La réincarnation intervient pour combler cette lacune et rend ainsi parfaite la théorie de la croissance humaine.

4° Le même problème se présente, plus accentué encore, dans le cas de jumeaux, alors que les enfants ont, non seulement des ancêtres, mais aussi des

---

[32] Je n'oublie pas l'« atavisme » ni cette objection qui consiste à dire « Comment ces types discordants entrent ils dans une telle famille si les Egos sont attirés vers les entourages leur convenant ? » Ces points seront traités au chapitre : « Objections ».

conditions d'incubation identiques. Cependant, les jumeaux unissent souvent la plus complète ressemblance physique avec une forte dissemblance du type mental et moral. Un autre fait significatif, relativement aux jumeaux, c'est que souvent, pendant l'enfance, ils sont impossibles à distinguer l'un de l'autre, même aux regards scrutateurs de la mère et de la nourrice ; mais plus tard, dans la vie, le Manas travaille sur l'enveloppe physique et la modifie à un tel point que l'on voit diminuer peu à peu la ressemblance, les différences de caractère s'imprimant sur les traits mobiles du visage.

5° La précocité des enfants demande quelques explications scientifiques. Pourquoi Mozart pouvait-il, à quatre ans, faire preuve de connaissances que personne ne lui avait enseignées ? Non seulement, il présentait du goût pour la mélodie, mais encore il avait la capacité « instinctive » de composer des accompagnements sur des mélodies qu'on lui donnait, modulations absolument conformes aux lois compliquées de l'harmonie, que le musicien doit apprendre par de patientes études. « Il est né dans une famille musicale. » Évidemment, autrement il serait difficile de comprendre comment il aurait pu être pourvu de l'appareil physique délicat, nécessaire à la manifestation de ce génie transcendant ; mais si sa famille lui avait donné le génie en même temps que la machine physique propre à le manifester, il resterait à savoir pourquoi, parmi tant de personnes possédant l'appareil musical physique, il n'y eut que lui qui eut le pouvoir de faire jaillir ces symphonies, ces sonates, ces opéras, ces messes se déversant comme des cascades de pierres précieuses de cette source inépuisable. Comment un effet si puissant peut-il procéder d'une cause si disproportionnée ? car dans toute cette famille des Mozart il n'y eut qu'un seul MOZART. Bien d'autres exemples pourraient être cités d'enfants dépassant leurs maîtres, faisant avec facilité ce que ceux-ci auraient accompli avec peine, et surmontant promptement des difficultés dont ceux-ci n'auraient pu se rendre maîtres.

6° La précocité de l'enfant n'est qu'une forme de manifestations du génie, et le génie lui-même a besoin d'une explication. D'où vient-il ce génie dont la piste est plus difficile à suivre que le tracé des oiseaux dans l'air ? Platon, Dante, Bruno, Shakespeare, Newton, d'où sortent-ils, ces enfants radieux de l'Humanité ? Du premier au dernier, ils ont laissé un nom immortel quoique nés de familles médiocres, dont l'obscurité même est une preuve qu'elles ne possédaient que des aptitudes moyennes ; un enfant naît aimé, caressé, puni, élevé comme les autres ; subitement le jeune aigle prend l'essor et s'élève vers le soleil, hors du nid des moineaux de gouttières ; et le coup de ses ailes fait trembler l'air même.

Si une telle chose arrivait sur le plan physique, nous ne prétendrions pas que c'est de l'hérédité et un cas curieux d'atavisme ; nous chercherions l'aigle générateur, nous ne songerions pas à tracer la généalogie des moineaux. De même lorsque le puissant Ego s'abaisse vers une famille médiocre, nous devons chercher la cause du génie dans l'Ego, et non dans la généalogie de la famille.

Tentera-t-on d'expliquer par l'hérédité la naissance dans le monde d'un grand génie moral, Lao-Tseu, Bouddha, Zarathoustra, ou Jésus ? Pour arriver à la racine divine d'où procèdent ces fleurs de l'humanité, faut-il creuser dans le sol de la généalogie physique ou dans le petit puits de l'humanité ordinaire pour parvenir aux sources de leurs vies gracieuses ? D'où ont-ils apporté leur sagesse inconnue jusqu'alors, leur entendement spirituel, leur connaissance des douleurs et des besoins humains ? Les hommes ont été tellement éblouis par leur enseignement qu'ils l'ont considéré comme une révélation d'un Dieu surnaturel, alors que c'est le fruit mûri de centaines de vies humaines ; ceux qui rejettent la Déité surnaturelle doivent admettre la réincarnation, ou bien alors le problème de leur origine devient insoluble. Si l'hérédité peut produire des Bouddha et des Christ, on ne voit pas pourquoi elle n'en donnerait pas davantage.

7° Nous sommes amenés à la même conclusion par la constatation des différences extraordinaires qui séparent les individus dans leur pouvoir d'assimilation des diverses connaissances. Prenez deux personnes de même puissance intellectuelle, plutôt intelligentes que stupides. Exposez à chacune d'elles le même système philosophique. L'une en saisira promptement les principes essentiels, l'autre restera passive et inerte. Présentez à ces mêmes personnes un autre système, et leur position relative sera renversée. La première a une « inclination » vers un mode de pensées, la seconde vers un autre. Deux étudiants se trouvent attirés vers la Théosophie et commencent à l'étudier ; au bout d'une année, le premier est familiarisé avec les conceptions fondamentales de la doctrine et peut les appliquer ; tandis que le second ne parvient pas à s'y reconnaître. A l'un, chaque principe semble familier à première vue ; à l'autre, tout est nouveau, inintelligible, étrange. Celui qui croit en la réincarnation comprend que cet enseignement est ancien pour l'un et nouveau pour l'autre : l'un apprend rapidement *parce qu'il se souvient* ; il ne fait que retrouver des connaissances anciennes ; l'autre apprend lentement, parce que son expérience ne renferme pas ces vérités de la Nature, et il les acquiert péniblement pour la première fois.

8° Elle est étroitement liée à ce rappel instantané d'une connaissance passée, cette intuition qui perçoit du premier coup la vérité sans avoir besoin du lent processus de l'argument pour arriver à la conviction. Une telle intuition est simplement la reconnaissance d'un fait familier dans une vie passée, rencontrée pour la première fois dans la vie actuelle. On la reconnaît à ce fait qu'aucun argument ne renforce la conviction intérieure qui accompagne la simple perception ; les arguments, démontrant sa réalité, peuvent être cherchés et établis pour les autres, mais il n'en est pas besoin pour la satisfaction du croyant lui-même. En ce qui le concerne, ce travail a été fait dans sa propre expérience précédente, et il n'a pas besoin de parcourir à nouveau la même route.

9 La réincarnation résout, ce que ne fait aucune autre théorie, le problème des inégalités qui, autrement, démontreraient que la justice n'est pas un facteur dans la vie, mais que les hommes sont le simple jouet du favoritisme d'un Créateur irresponsable ou des forces aveugles d'une Nature sans âme. Un enfant naît avec un cerveau conformé pour être l'instrument de toutes les passions animales, un « cerveau criminel », véhicule de mauvais désirs, un instinct brutal, enfant d'un voleur et d'une prostituée, son sang provient d'une source polluée et toxique ; son entourage l'élève pour des actes vicieux et l'entraîne dans tous les mauvais chemins. Un autre enfant, au contraire, naît avec un cerveau modelé noblement, conformé pour manifester l'intelligence la plus splendide, peu disposé pour servir de base et d'instrument aux passions brutales. Enfant de parents purs et soucieux, sa nature physique est édifiée avec de bons matériaux et son entourage le fait avancer dans les sentiers de la bonne conduite, l'entraînant en vue d'actions bonnes et généreuses, l'aidant à réprimer toutes pensées basses et mauvaises. L'un, par son organisation et par son entourage, est condamné d'avance à une vie de crime ; ou, dans les cas les plus favorables, si le Destin arrive à influencer, il devra soutenir une lutte effrayante pour compenser ses énormes désavantages ; dût-il même en sortir victorieux, il restera épuisé, mutilé, le cœur déchiré. L'autre, de par son organisation et son entourage est prédestiné à une vie d'activité bienfaisante, et il n'aura pas à lutter contre le mal qui l'entraîne en bas, mais il poursuivra le bien qui l'attire en haut. Pourquoi de telles différences dans les destinées d'êtres humains apparaissant pour la première fois sur la scène de la vie ? Dirons-nous qu'une Providence consciente et toute-puissante a créé deux vies, condamnant l'une aux dégradations les plus extrêmes, gratifiant l'autre des potentialités les plus élevées ? S'il en était ainsi, une Humanité éplorée et sans secours, sous la dépendance d'une Injustice insondable, n'aurait qu'à trembler et à se soumettre, et ne devrait plus considérer la Justice et l'Amour comme des attributs de la Déité qu'elle adore.

Si cela était sous la dépendance des forces aveugles de la Nature, l'homme se trouverait également impuissant contre des causes qu'il ne pourrait ni pénétrer, ni contrôler, et autour de son cœur, pendant sa course pénible, s'enroulerait le perfide serpent du ressentiment contre l'injustice — les bons et les mauvais lots tombant, de la roue de la Fortune aveugle, dans le giron des hommes qui ne peuvent ni les accepter ni les rejeter. Mais si la réincarnation est vraie, c'est la Justice qui gouverne le monde, et la destinée de l'homme est dans ses propres mains. Le consentement aux pensées et aux actions mauvaises, la possibilité d'infliger des torts à autrui, la poursuite sans scrupules de fins égoïstes, — viennent construire pour l'Homme se réincarnant un cerveau qui sera un instrument convenant à leur manifestation plus complète, — un cerveau dans lequel toutes les mauvaises tendances trouveront des sillons prêts pour s'y développer facilement et dans lequel les bonnes forces chercheront en vain des organes physiques capables de les exprimer. La nature munie d'un tel mauvais instrument physique sera attirée dans un entourage correspondant, où les opportunités pour l'action mauvaise s'offriront d'elles-mêmes à chaque pas, vers des parents dont les corps empoisonnés peuvent céder les matériaux physiques les mieux appropriés pour servir de substratum à une telle manifestation. Cela est terrible, dira-t-on. Eh bien ! n'est-il pas juste autant que terrible que l'alcoolisme chronique conduise à la destruction du corps et du cerveau ? Mais là où il y a justice et loi inviolable, il y a aussi espoir, car nous ne sommes plus alors de simples fétus de paille, enlevés par le vent, nous sommes les maîtres de notre propre destinée, puisque, en les connaissant, nous pouvons utiliser ces lois immuables qui deviennent nos aides au lieu d'être nos ennemies. Car l'homme peut aussi bien construire pour le mal que pour le bien et obtenir le contraire des résultats seulement esquissés. La résistance aux pensées et aux actions injustes, la patience dans le service des autres, le dévouement scrupuleux et désintéressé préparent, pour l'Homme se réincarnant, un cerveau qui sera l'instrument approprié à leur manifestation plus parfaite, dans lequel toutes les bonnes tendances trouveront des sillons prêts pour y travailler aisément, et où les influences mauvaises chercheront en vain des organes physiques capables de les exprimer. Une semblable nature est attirée dans un entourage où les opportunités pour le bien s'accumuleront autour d'elle, vers des parents dignes de construire son tabernacle physique. Mais dans tous les cas, ce tabernacle est construit selon le plan fourni par l'architecte, l'Ego, et celui-ci est responsable de son œuvre[33].

---

[33] Il ne faut jamais oublier que le rang dans le monde, la richesse, etc., ne vont pas du tout de pair avec les bons et les mauvais entourages. Dans le premier cas extrême, esquissé dans le texte, l'entourage est particulièrement mauvais, mais dans le second cas l'Ego peut être environné d'ennuis mondains, justement parce qu'il avait gagné des opportunités de croissance.

C'est encore la réincarnation qui nous donne la clef de l'extraordinaire contraste entre les aspirations des personnes et leurs capacités. Nous trouvons des esprits intègres, emprisonnés dans des corps inactifs, et nous savons qu'ils sont empêchés actuellement par la paresse de ce corps d'utiliser des capacités d'une vie antérieure. Nous trouvons d'autres personnes aspirant vers les perfections les plus hautes, luttant avec une noble ardeur pour saisir les conceptions les plus subtiles, et échouant lamentablement dans l'assimilation des idées élémentaires et fondamentales de la philosophie qu'ils voudraient posséder, ou incapables de remplir les humbles exigences d'une belle vie désintéressée et utile. C'est que, dans le passé, des occasions ont été perdues, des tendances vers de grandes perfections ont été ou négligées ou volontairement rejetées ; le sentier ascendant de l'Ego en est entravé et ses forces sont affaiblies. L'âme souffre dans son ardeur de savoir, pitoyable et désespérée ; ce savoir ne lui est refusé par aucune puissance extérieure, mais il lui est inaccessible parce qu'elle ne peut le voir, bien qu'il se trouve à ses pieds.

A ceux qui croient en une Providence personnelle gouvernant tout et créant les esprits des hommes, on pourrait poser la question suivante : Est-il convenable d'imaginer la divinité, dans l'exercice de son énergie créatrice, obéissant au signe et à l'appel de ses créatures et, dépendant des passions et des désirs des hommes pour créer une âme humaine qui doit aller habiter dans un corps, procédant de quelque mauvaise action due à l'indulgence sans freins envers Soi ? Cette création constante de nouvelles âmes destinées à habiter dans des formes dont l'existence dépend du caprice de l'homme, a, en elle, quelque chose qui doit répugner à ceux qui révèrent leur Être divin idéal. Cependant, il n'y a pas là d'autre alternative, s'ils croient que l'homme est une âme ou esprit — ou a une âme, comme ils le disent le plus souvent — et s'ils rejettent la réincarnation.

10° Un autre argument, qui s'adresse seulement à ceux qui croient à l'immortalité de l'homme, c'est que tout ce qui commence dans le temps finit dans le temps. Tout ce qui a un commencement, a une fin, et le corollaire nécessaire de l'immortalité après la mort est l'éternelle existence avant la naissance. C'est pourquoi Hume a déclaré que la métempsychose était la seule théorie de l'âme à laquelle la philosophie pouvait prêter attention, parce que «ce qui ne peut être détruit ne saurait être créé». La pensée qui s'élève jusqu'au niveau philosophique doit donc accepter soit la réincarnation, soit la cessation de l'existence individuelle après la mort.

11° Cependant, n'y a-t-il pas quelque chose d'irrationnel, étant donné l'immortalité de l'Intelligence spirituelle de l'Homme, de supposer qu'une telle Intelligence vienne dans le monde, y habite, par exemple, dans le corps d'un insulaire de Fidji, le quitte et ne revienne jamais, pour apprendre les leçons innombrables que cette vie terrestre ne lui a pas enseignées quoiqu'elle fût capable de le faire ? Pourtant, quel progrès mental et moral est encore possible à cet insulaire de Fidji après la légère expérience qu'il a acquise sur terre ? Pourquoi cette intelligence doit-elle définitivement quitter la vie terrestre avant d'avoir appris toutes ses leçons ? Envoyer cette Intelligence inexpérimentée dans une sphère plus haute de vie spirituelle, c'est envoyer à l'Université un garçon d'une des plus basses classes de l'école. Le sens commun lui ordonne d'y retourner, classe par classe, après le repos périodique des vacances, jusqu'à ce qu'il atteigne la classe supérieure ; de là, ayant appris tout ce que l'école pouvait lui enseigner, il peut prétendre à la vie plus large et à l'enseignement plus complet du collège.

12° Par analogie, on peut comparer ce fait avec la coexistence, dans un cycle de vie, d'éléments transitoires et permanents. Les feuilles d'un arbre naissent, arrivent à maturité et tombent ; pendant leur vie, elles prennent de la nourriture, la changent en substances utiles à l'arbre, lui transmettent le résultat de leur énergie vitale, puis elles meurent. Elles ne repoussent pas, l'arbre cependant persiste et émet avec le printemps une nouvelle récolte de feuilles. Ainsi, la personnalité vit, recueille l'expérience, la transforme en valeurs permanentes et transmet celles-ci à l'arbre qui subsiste, et d'où elle provient, et puis elle périt ; quand l'hiver aura passé, l'Ego émettra une nouvelle personnalité pour faire un travail similaire, et pour entretenir et nourrir ainsi la croissance de l'arbre de l'Homme. Et de même, dans toute la nature, nous voyons le temporaire servir le permanent, travaillant pour la croissance d'une vie plus durable, dont il n'est lui-même que l'expression passagère.

13° Les cycles récurrents de l'histoire sont l'indice de la réincarnation (pour ainsi dire, en bloc) d'un grand nombre de personnes. Nous trouvons à la fin de périodes de quinze cents ans la réapparition des types d'intelligence et de caractère qui marquèrent le commencement de ces périodes. Que l'étudiant, avec cette idée dans son esprit, compare la période d'Auguste, dans l'histoire romaine, avec la période d'Élisabeth, dans l'histoire de l'Angleterre. Qu'il compare le type conquérant, colonisant, constructeur des empires, avec celui des Anglais. Qu'il compare le courant de pensées religieuses dans les troisième et quatrième siècles après Jésus-Christ avec celui du dix-huitième et du dix-neuvième siècles, et qu'il voie s'il ne peut, dans le mouvement actuel de pensées mystiques et gnostiques, retrouver la trace d'une reproduction de la fin du quatrième siècle. Quand il aura poursuivi cette série d'études pendant un certain temps, il verra que l'affirmation, dans les livres théosophiques, d'une «période moyenne de quinze siècles entre les incarnations» n'est pas une simple fantaisie ou hypothèse.

14° L'élévation et la décadence des races sont parfaitement expliquées par l'hypothèse de la réincarnation. On a remarqué que quelques races sont en train de mourir, malgré les efforts qui ont été faits pour arrêter leur déclin; leurs femmes sont frappées de stérilité, et ainsi leur nombre diminue constamment, leur extinction complète n'étant plus qu'une question de temps. Le réincarnationiste dit «Les Egos quittent cette race; tout ce qui a pu être appris par cette expression particulière, a été appris; les Egos qui, autrefois, animaient leurs enfants sont allés dans d'autres races; il n'y a plus de jeunes Egos pour débrouiller dans cette race les leçons de leur première expérience humaine; de sorte qu'il n'y a plus de demande pour elle sur le plan des causes, et elle doit inévitablement disparaître.»

Nous remarquons aussi que, lorsqu'une race a atteint l'apogée de son perfectionnement, un lent déclin commence, et en même temps une autre race commence à s'accroître et s'élève pendant que la première tombe. Car les Egos les plus évolués, ayant utilisé un type de race jusqu'à ses possibilités les plus éloignées, cherchent un autre type avec des possibilités plus hautes encore et, laissant les Egos moins évolués s'incarner dans le type précédent, ils passent dans une race plus jeune; et ainsi la succession continue, des Egos de moins en moins évolués s'incarnant dans le premier type, qui, par suite, dégénère lentement, jusqu'à ce que le stade dont il a été parlé plus haut soit atteint et qu'apparaissent les signes d'une extinction prochaine.

Bien d'autres preuves de la réalité de la réincarnation pourraient être apportées, mais, en raison de la place limitée, celles-ci doivent suffire. L'étudiant sérieux et appliqué peut en ajouter d'autres à mesure que sa connaissance s'accroît.

9. OBJECTIONS A LA RÉINCARNATION

L'exposé des objections rapportées ici est tiré de celles qui sont soulevées par les adversaires et les curieux, et ce sont celles qu'on rencontre le plus fréquemment.

I. *La perte de la mémoire.*

Cela a été amplement traité dans le chapitre : « Qu'est-ce qui ne se réincarne pas », et l'explication n'a pas besoin d'être répétée ici.

II. *L'accroissement de la population.*

Si le nombre des Egos, demande-t-on, est limité, comment vous rendez-vous compte de l'accroissement de la population ? Ceci s'accorde parfaitement avec un accroissement du nombre des Egos incarnés, étant donnée la minime proportion relative de ceux-ci par rapport au nombre total des Egos non incarnés. Pour fournir à cette réponse une forme très concrète, nous dirons : il y a trois mille Egos qui doivent s'incarner. Une centaine seulement est incarnée laissant deux mille neuf cents en dehors de l'incarnation ; une période de quinze cents ans doit se passer avant que la première centaine arrive à se réincarner, et ainsi pour chaque centaine d'Egos. Un très léger raccourcissement de la période séparant deux incarnations, pour quelques individus, doit largement accroître la population incarnée. Ceux qui soulèvent cette objection sont généralement persuadés que la proportion des Egos non incarnés, relativement à ceux qui sont incarnés, est sensiblement égale, alors que, en réalité, le nombre des non-incarnés est considérablement supérieur à celui des Egos incarnés. Le globe est comparable à une petite salle dans une grande ville, attirant un auditoire composé d'une partie de la population de la ville. Ainsi, notre petite planète peut avoir une population rare ou dense ; le nombre considérable des Egos qui lui servent à compléter son stock d'habitants, reste en pratique inépuisable.

III. *La réincarnation ignore la loi de l'hérédité.*

Au contraire, elle la renforce sur le plan physique. Elle admet que les parents, en donnant les matériaux physiques, imprègnent ceux-ci de leur propre cachet, pour ainsi dire, et que les molécules bâties dans le corps de l'enfant portent avec elles l'habitude de vibrer d'une façon définie et de s'associer en combinaisons particulières. Ainsi seront transmises les maladies héréditaires ; ainsi seront transmises de petites particularités telles que manières, habitudes, gestes, etc. « Mais, continue l'adversaire, ce n'est pas tout. Les ressemblances mentales sont également transmises, les particularités mentales aussi bien que les physiques. » Ceci est vrai jusqu'à un certain point, mais non absolument, comme le voudraient ceux qui cherchent à expliquer toutes les choses par l'action d'une seule Loi. Les atomes éthériques, les physiques, ainsi que les éléments kamiques proviennent des parents — spécialement de la mère. Ceux-ci agissent sur les molécules du cerveau aussi bien que sur celles du reste du corps et déterminent de cette façon, la réapparition, chez l'enfant, des caractéristiques vitales et passionnelles des parents, modifiant les manifestations du Penseur, du Manas, de l'Ego se réincarnant. La théorie de la réincarnation admet tous ces modes d'influence des parents sur l'enfant ; mais, tout en laissant une marge très étendue à celle-ci, elle refuse d'*ignorer* toute action indépendante dont il existe des preuves aussi frappantes que celles de l'influence des parents sur le quaternaire inférieur. La Théosophie donne ainsi une explication complète des différences et des ressemblances, tandis que l'hérédité ne donne qu'une explication partielle en insistant sur les ressemblances et ne parlant pas des différences.

IV. *L'atavisme est suffisant pour expliquer les différences* est la réponse à cette dernière critique. Le génie est expliqué par l'atavisme, comme le sont tous les types totalement différents de leurs progéniteurs immédiats. Mais si le génie est un cas d'atavisme, nous devrions alors être capables de reconnaître l'ancêtre doué de génie, puisque celui-ci distingue son possesseur du reste de la foule. Le génie ne devrait apparaître que dans des familles particulières, quel que soit l'intervalle, où il s'est déjà manifesté. Si Shakespeare est un cas d'atavisme, à qui ressemble-t-il ? Le seul fait qu'un génie rende subitement illustre une famille jusqu'alors obscure, renverse l'hypothèse de l'atavisme, puisque l'obscurité elle-même est une preuve de l'absence de génie. Il faut aussi remarquer que, lorsqu'un enfant vicieux naît dans une famille vertueuse et que cette naissance est imputée à l'atavisme, cette explication n'est qu'une simple hypothèse sans une ombre de preuve à l'appui. Si l'on pouvait établir que le génie se transmet par atavisme, alors, par analogie, le même argument pourrait servir pour les autres cas ; mais si cette présomption est contraire à cette explication lorsqu'on peut en vérifier facilement l'exactitude, il faut accorder peu de créance à cette explication dans les cas où la vérification est presque absolument impossible.

V. *L'apparition d'un enfant vicieux dans une famille vertueuse et d'un enfant vertueux dans une famille vicieuse est contraire à la théorie d'attirance de l'Ego vers ceux qui peuvent lui donner un corps et un entourage convenables.*

A première vue cette objection semble très forte, mais elle ne fait pas rentrer en ligne de compte la question très importante de chaînes karmiques. La philosophie ésotérique enseigne que les destinées futures des Egos arrivent à s'entrelacer, par suite des relations établies entre ceux-ci pendant chaque vie terrestre.

L'amour et la haine, les services ou les torts, la bonne ou mauvaise camaraderie, tout tend à réunir les Egos, quand ils reviennent à la vie terrestre, pour mettre en action, en commun, les effets engendrés en commun. De là ces haines, choquantes et bizarres sur cette terre, entre certains parents et leurs enfants, entre frères et sœurs, — haines aussi inexplicables que terribles, ayant l'apparence monstrueuse de revanche pour quelque tort oublié, néanmoins implacables. De là, encore, les liens inséparables qui unissent les cœurs, dépassant la distance, dépassant le temps, — liens dont la force, sans cause en cette vie, prend son origine au-delà des portails de la naissance.

10. UN DERNIER MOT

Ici doit se terminer cet exposé imparfait d'un sujet trop vaste et trop profond pour une plume aussi faible que la mienne. Cette esquisse peut servir d'introduction élémentaire à l'étude d'un des plus importants problèmes de l'existence humaine, étude des plus essentielles peut-être que l'esprit de l'homme puisse entreprendre pour notre état actuel de civilisation.

Toute la vie change d'aspect quand la réincarnation devient une conviction profondément établie, supérieure à tout argument, à toute discussion.

Chaque jour de la vie n'est plus qu'une page dans le grand drame de l'existence, chaque douleur n'est qu'une ombre flottante, projetée par un nuage qui passe; chaque joie, une lueur de la lumière solaire réfléchie par un miroir oscillant; chaque mort, l'abandon d'une maison usée. La vigueur d'une jeunesse éternelle commence lentement à pénétrer dans la vie qui s'éveille; le calme d'une sérénité immense se pose au-dessus des vagues agitées de la pensée humaine; la gloire radieuse de l'Intelligence immortelle perce les épais et sombres nuages de la matière, et la Paix impérissable, que rien ne peut déranger, répand sa pure blancheur sur l'esprit triomphant. De pinacle en pinacle, les hauteurs spirituelles s'élèvent dans l'éther illimité, des pas montent dans l'azur incommensurable et s'évanouissent dans les profondeurs infinies de l'Avenir, immense et inimaginable même pour l'esprit humain.

Et alors « aveuglé par l'excès de lumière », enveloppé dans un espoir trop profond pour être joyeux, trop certain pour être triomphant, trop vaste pour être analysé, l'Homme entre dans la Conscience absolue, par rapport à laquelle notre conscience semble dépourvue de sens, jusqu'à ce que l'Eternité tressaille de nouveau à ce cri d'appel :

>Avance, car le jour de Brahma est à son aube
>et la nouvelle roue commence à tourner !

>Paix à tous les Êtres !

Table des matières

1. Introduction 4
2. Ce que signifie la réincarnation 9
3. Ce qui se réincarne 11
4. Ce qui ne se réincarne pas 16
5. La méthode de la réincarnation 20
6. But de la réincarnation 30
7. Les causes de la réincarnation 34
8. Les preuves de la réincarnation 43
9. Objections a la réincarnation 54
10. Un dernier mot 57